“政产学研用”协同创新背景下湖南省战略性新兴产业创新链的运作、评价与绩效提升研究

康 健 著

浙江工商大學出版社
ZHEJIANG GONGSHANG UNIVERSITY PRESS

图书在版编目(CIP)数据

"政产学研用"协同创新背景下湖南省战略性新兴产业创新链的运作、评价与绩效提升研究 / 康健著. —杭州：浙江工商大学出版社，2016.6
ISBN 978-7-5178-1622-5

Ⅰ. ①政… Ⅱ. ①康… Ⅲ. ①新兴产业—产业发展—研究—湖南省 Ⅳ. ①F127.64

中国版本图书馆 CIP 数据核字(2016)第 077862 号

"政产学研用"协同创新背景下湖南省战略性新兴产业创新链的运作、评价与绩效提升研究

康　健著

责任编辑　吴岳婷　刘　韵
封面设计　李瑞敏
责任校对　郑梅珍
责任印制　包建辉
出版发行　浙江工商大学出版社
（杭州市教工路 198 号　邮政编码 310012）
（E-mail：zjgsupress@163.com）
（网址：http://www.zjgsupress.com）
电话：0571-88904980，88831806（传真）
排　　版　杭州朝曦图文设计有限公司
印　　刷　杭州五象印务有限公司
开　　本　710mm×1000mm　1/16
印　　张　12.75
字　　数　220 千
版 印 次　2016 年 6 月第 1 版　2016 年 6 月第 1 次印刷
书　　号　ISBN 978-7-5178-1622-5
定　　价　38.00 元

浙江工商大学出版社营销部邮购电话　0571-88904970

本书获得以下项目资助

湖南省教育厅重点科研项目：
“政产学研用”协同创新背景下湖南省战略性新兴产业创新链的运作、评价与绩效提升研究(15A047)

衡阳市社会科学基金重点科研项目：
基于创新链构建的衡阳市战略性新兴产业协同创新能力轨迹跃迁研究(2015B(Ⅱ)019)

衡阳市发展和改革委员会委托项目：
衡阳市战略性新兴产业新材料产业发展专项规划(2013至2020年度)

衡阳市经济和信息化委员会委托项目：
衡阳市战略性新兴产业先进装备制造产业发展专项规划(2013至2020年度)

衡阳市人民政府国有资产监督管理委员会委托项目：
衡阳市央企、省企对接推进现状及建议

衡阳市发展和改革委员会委托项目：
衡阳“十三五”科学园区和产业园区发展思路研究

耒阳市经济开发区管理委员会委托项目：
耒阳经济开发区国民经济和社会发展第十三个五年规划

推荐序1

伴随着目前经济全球化进程的加速，市场竞争节奏的加快，产业创新活动正面临着更多要素的投入和更大风险的承担。对于战略性新兴产业创新链而言，无论是其微观主体——企业，还是其服务机构——高校、科研机构、中介组织等，都很难独立承担产业创新消化、转移和利用的风险。同时不难发现，战略性新兴产业建立在一组重大技术突破的基础上，因而需要一个庞大的协同创新群体作为支撑才能发展起来，仅凭一两项技术创新的突破很难带动一个新兴产业的发展。

本书作者康健从“政产学研用”协同创新的视角进行研究，认为“政”维度是战略性新兴产业创新链的宏观调控力，“产”维度是战略性新兴产业创新链的微观运作力，“学”维度是战略性新兴产业创新链的环境催化力，“研”维度是战略性新兴产业创新链的内部推动力，“用”维度是战略性新兴产业创新链的外部拉动力。

作者以此展开研究思路，对湖南省战略性新兴产业创新链进行研究，具体研究过程从运作机制、能力评价和绩效提升三个维度顺次展开。其研究成果一方面将能够被直接运用到湖南省战略性新兴产业的协同创新实践中，为战略性新兴产业实施创新驱动发展战略、大幅提升自主创新能力提供一些可行的实践模式；另一方面，本书的研究成果将能够对创新链理论范畴的规范化提供一个较为前摄的姿态和视角。

本书作者是我已毕业的博士学生，该书可视为他近年来理论钻研和实践参与的阶段性小结；同时本书堪称战略性新兴产业和创新链领域近年来少见的一部既具有理论高度和知识凝练度，同时又贯穿产业发展整体途径和思路的著作，值得推荐给相关领域的专家学者阅读和指正。

浙江省社会科学界联合会名誉主席
浙江工商大学原党委书记兼校长
浙商研究会会长
教授、博士生导师

2016 年 3 月

推荐序 2

自启动以来，战略性新兴产业就展现出其强大的成长效应和辐射能力，并以自身重大技术突破和发展需求为基础，成为各省国民经济的先导和支柱产业；与传统产业相比，战略性新兴产业大部分是高新技术产业，其产业创新的复杂程度较高，因而更为强调产品创新、工艺创新、市场创新的协同均衡发展。

创新链是指围绕某一创新的核心主体，以满足市场需求为导向，通过知识创新活动将相关的创新参与主体连接起来，以实现知识经济化过程与创新系统优化为目标的“政产学研用”紧密结合的功能链节结构模式。因此基于“政产学研用”协同创新背景的战略性新兴产业创新链的运作平台与实施模式，能够实现技术创新所需各种要素的优化组合，进而提高创新资源的利用率和最终的技术创新绩效。

从产业创新的整体维度来看，基于“政产学研用”协同创新背景的战略性新兴产业创新链的运作平台与实施模式，能够实现技术创新所需各种要素的优化组合，进而提高创新资源的利用率和最终的技术创新绩效。

本书作者康健以湖南省所提出的战略性新兴产业发展的“753”实施战略为宏观政策指导，在结合“政产学研用”协同创新和创新链理论体系的基础上，对湖南省战略性新兴产业创新链的运作机制、能力评价和绩效提升三个维度展开理论推演和实证分析，为湖南省战略性新兴产业的协同创新策略的实施提供了一些可行的实践模式；同时为创新链理论范畴的规范化和体系化提供了一些新的理论思考。

本书作者是我校青年骨干教师，本书可视为他近年来产学研结合研究的成果汇总;同时本书也是战略性新兴产业和创新链领域近年来少见的一部既具有理论高度和知识凝练度,同时又贯穿产业发展整体途径和思路的著作,值得推荐给相关领域的专家学者审阅和批评指正。

湖南工学院党委副书记
衡阳经济发展研究中心主任
衡阳市产业经济重点社科研究基地主任
教授、博士、高级经济师、硕士生导师

2016 年 3 月

推荐序 3

党的十八届三中全会明确提出要建立产学研协同创新机制，坚持科技面向经济社会发展的导向，围绕产业链部署创新链，大幅提高自主创新能力，努力掌握关键核心技术，因而创新链必将成为湖南省战略性新兴产业协同创新的重要途径。创新链是指围绕某一创新的核心主体，以满足市场需求为导向，通过知识创新活动将相关的创新参与主体连接起来，以实现知识经济化过程与创新系统优化为目标的“政产学研用”紧密结合的功能链节结构模式。

目前在全球和我国范围内，战略性新兴产业均已成为科学技术研发和产业演化变革的重要产业载体，因而湖南省实施创新驱动发展战略和转变经济发展方式都亟需战略性新兴产业的协同创新实现运作机制和经营绩效上的提升。

本书作者选择“政产学研用”协同创新为研究视角，对湖南省战略性新兴产业创新链进行研究，具体研究过程将从运作机制、能力评价和绩效提升三个维度顺次展开。其研究成果一方面将能够被直接运用到湖南省战略性新兴产业的协同创新实践中，为我省战略性新兴产业实施创新驱动发展战略、大幅提升自主创新能力提供一些可行的实践模式；另一方面，考虑到目前有关于创新链的研究包含了知识创新链、技术创新链、产业创新链、价值创新链、协同创新链等众多不同的理论提法和研究视角，本书的研究成果将能够对创新链理论范畴的规范化提供一个较为前摄的姿态和视角。

本书作者康健承担了数项我委委托的规划项目，本书可视为他近年来与我委项目交流和合作的成果汇总，能够在拓展分析的途径上为战略性新兴产业创新链的发展建设提供决策参考;同时本书也是战略性新兴产业和创新链领域近年来少见的一部既具有理论高度和知识凝练度,同时又贯穿产业发展整体途径和思路的著作,值得推荐给相关领域的专家学者阅读。

衡阳市发展和改革委员会
党组成员、总经济师

2016 年 3 月

推荐序 4

战略性新兴产业展现了其强大的成长效应和辐射能力，并以自身重大技术突破和发展需求为基础，成为各省国民经济的先导和支柱产业；与传统产业相比，战略性新兴产业大部分是高新技术产业，其产业创新的复杂程度较高，因而更为强调产品创新、工艺创新、市场创新的协同均衡发展。

党的十八届三中全会明确提出要建立产学研协同创新机制，坚持科技面向经济社会发展的导向，围绕产业链部署创新链，大幅提高自主创新能力，努力掌握关键核心技术，因而创新链必将成为湖南省战略性新兴产业协同创新的重要途径。创新链是指围绕某一创新的核心主体，以满足市场需求为导向，通过知识创新活动将相关的创新参与主体连接起来，以实现知识经济化过程与创新系统优化为目标的“政产学研用”紧密结合的功能链节结构模式。

从“政产学研用”协同创新的视角来看，“政”维度是战略性新兴产业创新链的宏观调控力，“产”维度是战略性新兴产业创新链的微观运作力，“学”维度是战略性新兴产业创新链的环境催化力，“研”维度是战略性新兴产业创新链的内部推动力，“用”维度是战略性新兴产业创新链的外部拉动力。这五种力量对战略性新兴产业创新链发展和升级的作用机制存在显著差异，不能相互取代，反而会在相互促进的基础上形成“五位一体”的交互式创新复杂链节结构模式。

本书作者康健承担了我园区委托的规划项目，本书可视为他完成我开发区规划项目过程中的思路凝合，能够在拓展分析的基础上为战略性新兴产业创新链的发展建设提供决策性参考；同时本书也是战略性新兴产业和创新链领域近年来少见的一部既具有理论高度和知识凝练度,同时又贯穿产业发展整体途径和思路的著作,值得推荐给相关领域的专家学者阅读和修正。

耒阳经济开发区管委会主任

2016 年 3 月

推荐序 5

在全球和我国范围内，战略性新兴产业均已成为科学技术研发和产业演化变革的重要产业载体，因而湖南省实施创新驱动发展战略和转变经济发展方式都亟需战略性新兴产业的协同创新实现运作机制和经营绩效上的提升。

从产业创新的整体维度来看，基于"政产学研用"协同创新背景的战略性新兴产业创新链的运作平台与实施模式，能够实现技术创新所需各种要素的优化组合，进而提高创新资源的利用率和最终的技术创新绩效。这五种力量对战略性新兴产业创新链发展和升级的作用机制存在显著差异，不能相互取代，反而会在相互促进的基础上形成"五位一体"的交互式创新复杂链节结构模式。

本书以湖南省所提出的战略性新兴产业发展的"753"实施战略为宏观政策指导，在结合"政产学研用"协同创新和创新链理论体系的基础上，对湖南省战略性新兴产业创新链的运作机制、能力评价和绩效提升三个维度展开理论推演和实证分析，为湖南省战略性新兴产业的协同创新策略的实施提供了一些可行的实践模式；同时为创新链理论范畴的规范化和体系化提供了一些新的理论思考。

本书的研究成果能够直接运用到湖南省战略性新兴产业创新链的实践中，为战略性新兴产业实施创新驱动发展战略，大幅提升自主创新能力提供一些可行的实践模式，为我们企业的实际运作提供参考性的方向和途径。

本书虽然属于学术研究，但其语言并不晦涩，能够较为容易地被企业经营实践管理人员阅读和理解，值得推荐给相关领域的企业经营者一读。

湖南创大玉兔化工有限公司
副总经理、总工程师、教授、
博士、国家发明专利持有者

2016 年 3 月

推荐序 6

尽管产业链中价值增值包含最多的环节就是以智力支持和创新成果为表现的创新链部分，但在实践运行过程中，却往往由于科研创新的“不确定性”实施与产业“确定性”的组织运行之间的差异性，导致产业的发展演化缺乏创新链的有效支持。由于战略性新兴产业的高风险性、高投入性和高不确定性特征，目前创新链对于战略性新兴产业发展的支撑作用就显得更加缺乏。在全球和我国范围内，战略性新兴产业均已成为科学技术研发和产业演化变革的重要产业载体，因而湖南省实施创新驱动发展战略和转变经济发展方式都亟需战略性新兴产业的协同创新实现运作机制和经营绩效上的提升。

创新链是指围绕某一创新的核心主体，以满足市场需求为导向，通过知识创新活动将相关的创新参与主体连接起来，以实现知识经济化过程与创新系统优化为目标的“政产学研用”紧密结合的功能链节结构模式。因此基于“政产学研用”协同创新背景的战略性新兴产业创新链的运作平台与实施模式，能够实现技术创新所需各种要素的优化组合，进而提高创新资源的利用率和最终的技术创新绩效。

本书选择“政产学研用”协同创新为研究视角，对湖南省战略性新兴产业创新链进行研究，具体研究过程将从运作机制、能力评价和绩效提升三个维度上顺次展开。其研究成果将能够被直接运用到湖南省战略性新兴产业的协同创新实践中，为我省战略性新兴产业实施创新驱动发展战略、大幅提升自主创新能力提供一些可行的实践模式。

本书选择的分析角度虽然较为学术化，但其行文流畅、语言朴实，较容易被商界人士理解，因此推荐给相关领域的企业经营者一读。

湖南角山米业有限责任公司总经理 任明龙

2016 年 3 月

前　言

近年来战略性新兴产业已成为支撑地区经济增长、提高产业整体竞争力的基础，面对全球科技发展和产业更新所致的日趋激烈的竞争态势，国家创新发展战略对战略性新兴产业给予了高度重视和科学部署，各地的战略性新兴产业也十分关注科技创新对区域经济社会发展的重要驱动作用，把增强自主创新能力作为推进战略性新兴产业经济发展方式转变的重点。毋庸置疑，目前战略性新兴产业的优化、深化和持续发展的基础越来越依赖于其整体创新系统能力的有效提升和完善。

然而面对经济全球化进程的加速，市场竞争节奏的加快，技术创新正面临着更多要素的投入和更大风险的承担。对于战略性新兴产业而言，无论是其微观主体——企业，还是其服务机构——高校、科研机构、中介组织等，都很难独立承担技术创新消化、转移和利用的风险。

因此，为了克服创新力量各个体系所带来的创新资源分散以及创新效率降低等问题，转变创新理念和模式，国家提出了实施“2011 计划”，构建高等学校、科研院所、行业企业、地方政府间的协同创新平台与模式，实现技术创新所需各种要素的优化组合，进而提高创新资源的利用率和最终的技术创新绩效。

正因为如此，从产业创新的角度看，战略性新兴产业创新体系已经演变成为一个区域创新系统，它是一个以企业主体系统为核心，以知识中心为支撑系统，以创新环境为支持的创新网络。目前已有许多学者对这种协同创新机制进行了探讨，其理论成果对战略性新兴产业中创新主体的归类主要可以划分为政（政府）、产（企业）、学（大学）三类主体，也即传统意义上的三螺旋结构。但是这种经典研究架构却忽略了两种非常重要的创新关系利益相关者：研（科研机构）和用（终端用户）。

从战略性新兴产业创新生态系统的自组织运作体系来看，“政”维度是战略性新兴产业的宏观调控力，“产”维度是战略性新兴产业的微观运作力，“学”维度是战略性新兴产业的环境催化力，“研”维度是战略性新兴产业的内部推动力，"用"维度是战略性新兴产业的外部拉动力。这五种力量对战略性新兴产业创新发展的作用机制存在显著差异，不能相互取代，反而会在相互促进的基础上形成"五位一体"的交互式创新复杂系统。

针对目前理论研究对战略性新兴产业创新机制中科研机构和终端用户重视不足的现状，以及战略性新兴产业整体创新实践需要多方位立体创新结构共同作用的趋势，本书以政产学研用等创新主体"五位一体"为切入点，以湖南省战略性新兴产业为样本，对战略性新兴产业创新发展的相关对策进行理论推演和实证分析，以期在理论上为战略性新兴产业创新思路的研究提供前瞻性的思路和观点，在实践上为战略性新兴产业创新政策的制定提供可操作性的模式和方法。

目　　录

1. 绪　论

1.1 研究意义

自启动以来，战略性新兴产业就展现出其强大的成长效应和辐射能力，并以自身重大技术突破和发展需求为基础，成为各省国民经济的先导和支柱产业；与传统产业相比，战略性新兴产业大部分是高新技术产业，其产业创新的复杂程度较高，因而更为强调产品创新、工艺创新、市场创新的协同均衡发展。

伴随着经济全球化进程的加速，市场竞争节奏的加快，产业创新活动正面临着更多要素的投入和更大风险的承担。对于战略性新兴产业创新链而言，无论是其微观主体——企业，还是其服务机构——高校、科研机构、中介组织等，都很难独立承担产业创新消化、转移和利用的风险。同时分析湖南省产业的发展历程不难发现，战略性新兴产业建立在一组重大技术突破的基础上，因而需要一个庞大的协同创新群体作为支撑才能发展起来，仅凭一两项技术创新的突破，很难带动湖南省一个新兴产业的发展。

党的十八届三中全会明确提出要建立产学研协同创新机制，坚持科技面向经济社会发展的导向，围绕产业链部署创新链，大幅提高自主创新能力，努力掌握关键核心技术，因而创新链必将成为湖南省战略性新兴产业协同创新的重要途径。创新链是指围绕某一创新的核心主体，以满足市场需求为导向，通过知识创新活动将相关的创新参与主体连接起来，以实现知识经济化过程与创新系统优化为目标的“政产学研用”紧密结合的功能链节结构模式。

尽管产业链中价值增值包含最多的环节就是以智力支持和创新成果为表现的创新链部分，但在实践运行过程中，却往往由于科研创新的“不确定性”实施与产业“确定性”的组织运行之间的差异性，导致产业的发展演化缺乏创新链的有效支持。由于战略性新兴产业的高风险性、高投入性和高不确定性特征，目前创新链对于战略性新兴产业发展的支撑作用就显得更加缺乏。

从产业创新的整体维度来看,战略性新兴产业创新链的运作过程已经演变成为一个以战略性新兴企业主体系统为核心,以知识创新为支撑系统,以创新环境为支持的创新链节结构模式。因此可以认为,基于"政产学研用"协同创新背景的战略性新兴产业创新链的运作平台与实施模式,能够实现技术创新所需各种要素的优化组合,进而提高创新资源的利用率和最终的技术创新绩效。

从"政产学研用"协同创新的视角来看,"政"维度是战略性新兴产业创新链的宏观调控力,"产"维度是战略性新兴产业创新链的微观运作力,"学"维度是战略性新兴产业创新链的环境催化力,"研"维度是战略性新兴产业创新链的内部推动力,"用"维度是战略性新兴产业创新链的外部拉动力。这五种力量对战略性新兴产业创新链发展和升级的作用机制存在显著差异,不能相互取代,反而会在相互促进的基础上形成"五位一体"的交互式创新复杂链节结构模式。

目前在全球和我国范围内,战略性新兴产业均已成为科学技术研发和产业演化变革的重要产业载体,因而湖南省实施创新驱动发展战略和转变经济发展方式都急需战略性新兴产业的协同创新实现运作机制和经营绩效上的提升。

综上所述,本书选择"政产学研用"协同创新为研究视角,对湖南省战略性新兴产业创新链进行研究,具体研究过程将从运作机制、能力评价和绩效提升三个维度顺次展开。其研究成果一方面将能够被直接运用到湖南省战略性新兴产业的协同创新实践中,为我省战略性新兴产业实施创新驱动发展战略、大幅提升自主创新能力提供一些可行的实践模式;另一方面,考虑到目前有关于创新链的研究包含了知识创新链、技术创新链、产业创新链、价值创新链、协同创新链等众多不同的理论提法和研究视角,本书的研究成果将能够对创新链理论范畴的规范化提供一个较为前摄的姿态和视角。

1.2 国内外研究现状

(1)创新链

产业创新链是由产业链上各功能创新主体及研发机构按照一定的价值关系组合而成的,一般由节点和支撑点两部分构成。节点一般由研发共性技术和关键技术的工程技术中心或科研院所担当，支撑点一般由企业技术中心担当。基于价值链的角度可以认为，价值创新链依附于价值链，是在各环节上不断创造新价值的链状过程，但在创新过程中会与价值链产生一定的疏离度，最后又归于升级之后的新价值链。在创新环境的支持下，创新体系中各主体在不同的创新环节发挥着各自的作用，并构成了一个网链式结构——协同创新链。

创新链是建立在分工协作基础之上的一种“求新”生态图谱，就如同生物界的“求存”生态图谱:生物链。自从20世纪末创新链概念被提出之后，学术界已经对其进行了较为深入的研究，随着时代背景的不同，其观点也在不断地改变，Rothwell(1992)提出了第一代创新链模式，其思想源自技术推动和市场拉动，通过反馈环实现研发和营销的耦合；第二代创新链模式则更强调市场的反向反馈线性创新链(Berkhout &Duin,1994)。之后随着创新行为的增多和复杂化，第三代创新链模式则越来越非线性化(Liyanage&Greenfield,1999)。第四代创新链模式则发展出了新的方向，出现了新的内容(Niosi,1999)，形成了循环创新链模式(Berkhout,2000)。

综上所述可以看出，尽管创新链已经出现了多种模式，但其本质依然是从新思想到技术扩散的一系列职能活动的序列集合，其中最为重要的潜在因素就是知识创新(Broersmav et al. , 2001)。因此创新链运作十分关键的链条就是知识创新活动，因而蔡翔等(2001)提出了知识创新链的概念，认为知识创新链的主要动力源泉来自市场需求，其链上必有一个核心主体来管理创新活动。从资源配置的视角出发，林淼等(2001)认为技术创新链可以微观表现为技术链和产业链，两者间不存在一一对应的映射关系；技术创新链的内涵强调创新知识、创新或产品的供给和需求关系以及各类主体之间交互作用的非线性网状链接模式；自主创新与产业技术创新链密切相关，产业技术创新链能够提供市场信息，减少自主创新的不确定性。

(2)“政产学研用”协同创新

协同创新的研究充分体现了系统集成的思想，其创新模式经历了从封闭式向开放式转变的过程。协同创新的先期理论基础即协同制造，这一阶段中创新模式处于封闭式创新范畴。20世纪80年代后，合作创新模式日益流行(Kogutb,2000)，后期合作创新进一步演化为企业、研究机构、高等院校等异质性组织之间的联合创新行为；其间三螺旋理论更是将异质性组织的协同合作理念提升到了一个系统化分析的高度，政产学三个不同的主体成为讨论协同创新的构建维度。

由于三螺旋理论模型中的“政产学”合作机制忽略了科研机构与市场导向在促进科技创新和科研成果转化过程中的重要作用，于是，更多学者在三螺旋理论模型基础上提出了新的“政”“产”“学”“研”等协同创新主体结合方式。比如，孔祥浩等提出政产学研协同创新“四轮驱动”结构，其核心要素包括企业、大学（或科研机构）、政府和产业四个方面，这四个方面相互交叉、相互影响、相互联系，并且通过机制保障实现协同发展。吴姮等提出“政产学研用”五重螺旋模型，通过构建较完善的“政产学研用”集群，使五方协同发展。

美国学者（Chesbrough，2004）所提出的“开放式创新”模式，即强调组织边界之间的可渗透性来整合内外部创新要素，为“政产学研用”协同创新领域的深入研究提供了理论基础。近年来，随着自组织理论的不断发展，协同创新演化为集成范式：基于自组织理论的分析，该阶段出现了有关协同创新系统形成条件、影响因素、协同机制等方面丰富的研究成果。

1.3 研究内容

本书以湖南省所提出的战略性新兴产业发展的“753”实施战略为宏观政策指导，在结合“政产学研用”协同创新和创新链理论体系的基础上，对湖南省战略性新兴产业创新链的运作机制、能力评价和绩效提升三个维度展开理论推演和实证分析，为湖南省战略性新兴产业的协同创新策略的实施提供一些可行的实践模式；同时为创新链理论范畴的规范化和体系化提供一些新的理论思考。

本书的具体研究内容可以归纳为以下三个方面：

第一，湖南省战略性新兴产业创新链的运作机制：从创新链节点间耦合关系的角度着手，将“核心企业形成机制、资源优化方式、合作伙伴选择方式、制度组织形成机理”等网络化创新价值链要素纳入战略性新兴产业创新链运作机制的分析框架中。具体研究内容包括：首先在湖南省战略性新兴产业协同创新数据收集、挖掘和分析的基础上，从市场外部拉动力、产业内部推动力和宏观环境催化力三个方面建立我省战略性新兴产业创新链的形成动因模型；接着在整合分析战略性新兴产业协同创新价值网络的基础上，设计完成合理的我省战略性新兴产业创新链通用结构模型；最后通过对我省创新链运作过程中价值创造和价值网络的探讨，以及对创新链不同发展阶段技术标准差异化与许可关系模型的分析，明确我省战略性新兴产业协同创新运作机制的类型、内容和结构的机理关系。

第二，湖南省战略性新兴产业创新链能力评价方法：战略性新兴产业协同创新能力评价机制的明确和应用，能够为合理降低创新链的“内生性自稳风险”和深入探讨我省战略性新兴产业协同创新绩效提升提供理论依据。具体研究内容包括：首先依据对我省战略性新兴产业创新链运作过程中创新资源转移、共享和创新机制的研究，全面和综合地评估我省整个战略性新兴产业创新链系统，建立一套通用的、科学有效的协同创新能力评价指标体系；然后根据我省战略性新兴产业创新链终端产品的特征，甄选出一种能够客观地反映我省战略性新兴产业创新链能力的评价方法。

第三，湖南省战略性新兴产业创新链绩效提升途径：分析我省战略性新兴产业创新链上“政产学研用”各创新主体专用性人力资本投入、核心知识转移、共享和创新系统等主要权变因子对其协同创新状况的影响程度，整合分析在我省战略性新兴产业的不同发展阶段，上述权变因子如何影响我省战略性新兴产业创新链协同创新的能力提升，构建湖南省战略性新兴产业创新链运作过程中创新业绩指标、战略业绩指标与风险评价指标三者之间的互动契合框架，探讨不同创新环境类型及衍生路径下我省战略性新兴产业创新链上各节点间资源优化配置的方案选择。

1.4　研究方法

本书拟整合使用理论推演、模型架构、实证比较分析与案例研究相结合的方法，运用管理学、经济学、统计学等交叉学科的分析方法，基于“政产学研用”协同创新背景，探讨湖南省战略性新兴产业创新链的运作机制、能力评价和绩效提升的基本理论、方法与模型。本书的研究将依据“概念基础→理论推演→实证分析→整合归纳→实践应用”的理论研究范式，并将依据如下技术路线进行研究工作：

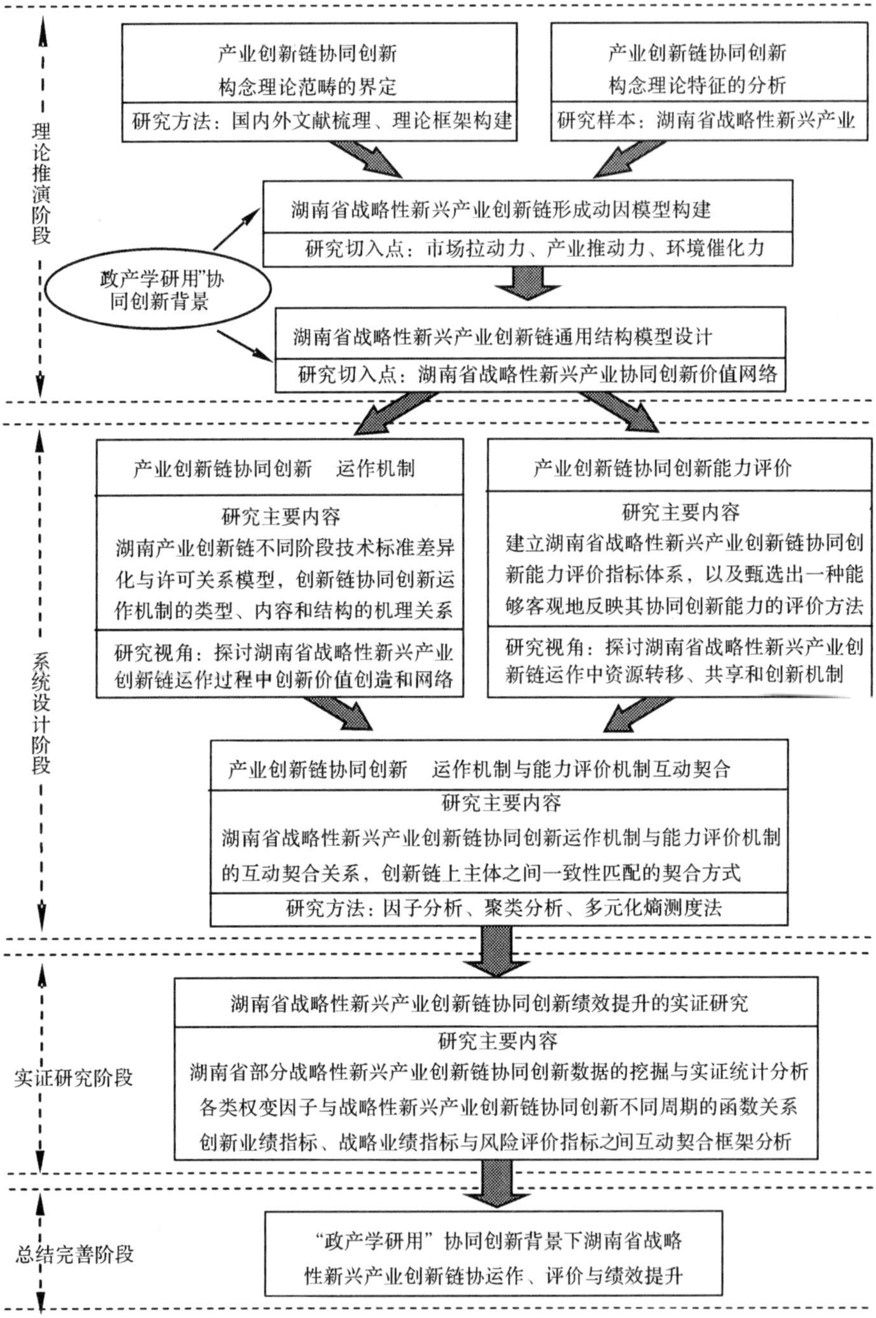
理论推演阶段
产业创新链协同创新
构念理论范畴的界定
研究方法：国内外文献梳理、理论框架构建
产业创新链协同创新
构念理论特征的分析
研究样本：湖南省战略性新兴产业
湖南省战略性新兴产业创新链形成动因模型构建
研究切入点：市场拉动力、产业推动力、环境催化力
政产学研用”协
同创新背景
湖南省战略性新兴产业创新链通用结构模型设计
研究切入点：湖南省战略性新兴产业协同创新价值网络
系统设计阶段
产业创新链协同创新 运作机制
研究主要内容
湖南产业创新链不同阶段技术标准差异化与许可关系模型，创新链协同创新运作机制的类型、内容和结构的机理关系
研究视角：探讨湖南省战略性新兴产业创新链运作过程中创新价值创造和网络
产业创新链协同创新能力评价
研究主要内容
建立湖南省战略性新兴产业创新链协同创新能力评价指标体系，以及甄选出一种能够客观地反映其协同创新能力的评价方法
研究视角：探讨湖南省战略性新兴产业创新链运作中资源转移、共享和创新机制
产业创新链协同创新 运作机制与能力评价机制互动契合
研究主要内容
湖南省战略性新兴产业创新链协同创新运作机制与能力评价机制的互动契合关系，创新链上主体之间一致性匹配的契合方式
研究方法：因子分析、聚类分析、多元化熵测度法
实证研究阶段
湖南省战略性新兴产业创新链协同创新绩效提升的实证研究
研究主要内容
湖南省部分战略性新兴产业创新链协同创新数据的挖掘与实证统计分析
各类权变因子与战略性新兴产业创新链协同创新不同周期的函数关系
创新业绩指标、战略业绩指标与风险评价指标之间互动契合框架分析
总结完善阶段
“政产学研用”协同创新背景下湖南省战略
性新兴产业创新链协运作、评价与绩效提升

1.5 创新点

本书的创新点主要体现在以下三个方面：

(1)研究框架的创新

契合产业创新链和“政产学研用”协同创新两个主题。

产业创新链的研究目前在国内外尚处于初始阶段，研究视角和方法尚未形成较为通用的思路和模式；产学研协同创新的研究较为深入，但“政产学研用”协同创新的成果还相对较少，而且整合产业创新链和“政产学研用”协同创新二者所进行的研究就更为少见。本书将产业创新链和“政产学研用”协同创新领域进行结合，创新性地将二者整合为一，作为本书研究的理论框架。

(2)研究切入点的创新

以“政产学研用”协同创新为研究切入点，并嵌入了网络化创新价值链要素。

从“政产学研用”协同创新背景下湖南省产业创新链协同创新的实际状况出发，将“核心企业形成机制、资源优化方式、合作伙伴选择方式、制度组织形成机理”等网络化创新价值链要素纳入战略性新兴产业创新链运作机制的分析框架中，构筑代表最新发展趋势的形成动因模型和通用结构模型。

(3)研究样本的创新

以湖南省战略性新兴产业为样本的实证分析。

与传统产业相比，战略性新兴产业大部分是高新技术产业，其产业创新的复杂程度较高，更强调产品创新、工艺创新、市场创新的协同均衡发展，因而创新链中“政产学研用”等创新主体的协同创新作用对产业竞争力提升的推动作用相对传统产业而言表现得更为显著。据此本书创新性地选择了湖南省战略性新兴产业这一合适的产业载体作为样本进行实证分析。

2. 创新链的通用结构模型

2.1 引言

在经济全球化的背景下，创新活动的复杂性和不确定性与日俱增，为满足现代市场竞争的需要，凭整合创新资源和提升创新能力的高效性，创新链协同已经逐步取代单个主体的自主创新，成为当前创新活动的主流，也因此成为当前创新理论研究的新热点。

创新链协同是一个从沟通到协调再到合作，最后实现协同的过程，因而在创新链协同系统的构建中，各主体之间的协同互动关系十分重要。对创新链协同能力进行评价，能反映出各创新主体间合作创新的协同程度，进而提升各方的协同能力。因此深入探究创新链协同评价问题，不仅能对创新理论进行有益的补充和拓展，而且能够对目前方兴未艾的创新链协同活动提供实践指导。

目前关于创新链协同能力评价的研究成果主要是基于区域企业维度展开的。例如，王阅(2013)应用因子分析方法及复合系统协调度模型对辽宁高技术产业创新链协同能力状况进行了分析和评价。欧光军等(2013)从高新区集群主体系统、核心支持环境和系统产出效果等三个方面设计出集群系统创新链协同能力评价指标体系。纵观该领域的研究，我们发现这些研究均是围绕着企业、大学和政府三类创新主体展开的，也即该领域的研究都是基于三螺旋理论的。这一点与 H. Etzkowitz(2000)，L. Leydesdorff，M. Jose，A. Mariza(2005)的研究思路是一致的。

而梳理三螺旋理论视角下区域创新能力评价问题的相关文献，我们发现目前的成果主要集中于区域创新能力评价的指标设计和模型构建两个方面。例如，金玉玲(2007)从科技和创新投入、科技和创新产出、创新绩效、科技基础设施和环境四个维度构建出了区域创新能力评价指标。张峰(2011)建立了基于三螺旋的区域创新系统创新绩效评价指标体系，并建立了区域创新绩效评价模型。裘凤英(2012)探讨了大学衍生企业创新绩效与区域创新能力之间的关系。

上述两个领域研究成果具有一个共同的不足之处，即这些较新的研究成果均是将三螺旋模型中的企业维度作为一个独立的“黑箱”进行研究，所构建出的评价指标和模型亦是将三螺旋中的企业维度作为一个整体进行描述，忽略了其实相对大学和政府而言，企业维度的内部构成较为复杂，其中包含了与三螺旋创新链协同关系紧密的生产性服务业和制造业，这二者在创新特征上具有明显的不同之处，其差异性广泛存在于知识基础和学习过程、具关键关联和互补性的基础技术、参与者的关系类型与结构、制度以及选择和多样性等多个方面。

由此可见，如果在三螺旋协同能力评价问题的研究中，将生产性服务业和制造业视为属性完全相同的创新主体而不加区分，则可能导致研究成果难以较为全面地揭示三螺旋创新协同的深层次演化规律，进而影响三螺旋创新协同能力评价的准确性。

另外梳理生产性服务业和制造业的研究文献可以发现，二者除了存在创新特征的差异性之外，还在三螺旋创新链协同活动中存在互动关系。具代表性的观点有：生产性服务业与制造业能够通过复杂的非线性相互作用，产生企业自身所无法实现的整体创新效应。生产性服务业主要参与了制造业生产活动中的上下游环节，二者通过这种渠道进行创新链协同可以实现双赢的局面。因此生产性服务业和制造业在区域创新活动中的互动必将成为三螺旋创新链协同能力评价问题研究的重要视角。

综上所述，本章通过将三螺旋模型中的企业维度区分为生产性服务业和制造业两个亚类，对二者互动情境下的三螺旋创新链协同能力评价问题进行理论推演和实例分析。

本章的研究思路为：充分借鉴王京（2013）、刘国龙（2009）、欧光军（2013）、顾乃华（2010）、孟庆松等（2000）的研究成果，遵循同样适用于创新理论的 SCP 分析范式，首先对区域产业互动情境下三螺旋创新协同的结构和行为进行理论推演；然后引入复合系统协调度模型作为三螺旋创新协同能力评价的实证分析工具，构建基于区域产业互动的三螺旋创新协同能力评价模型；最后结合一个实例分析，对该模型的应用方式、理论意义和实践作用进行探讨。

2.2 创新链结构及行为分析

(1)创新链结构

根据三螺旋理论,大学—政府—企业三者之间均存在着业务关联和创新协同。因此对于生产性服务业和制造业而言,除了相互之间的互动关系之外,这二者还将分别与区域内的大学和政府产生创新协同效应。本章在参考已有学术成果的基础上,将基于区域产业互动的创新链协同结构解析为"大学—政府—生产性服务业"和"大学—政府—制造业"两个并行三螺旋的立体空间结构,如图 2-1 所示。

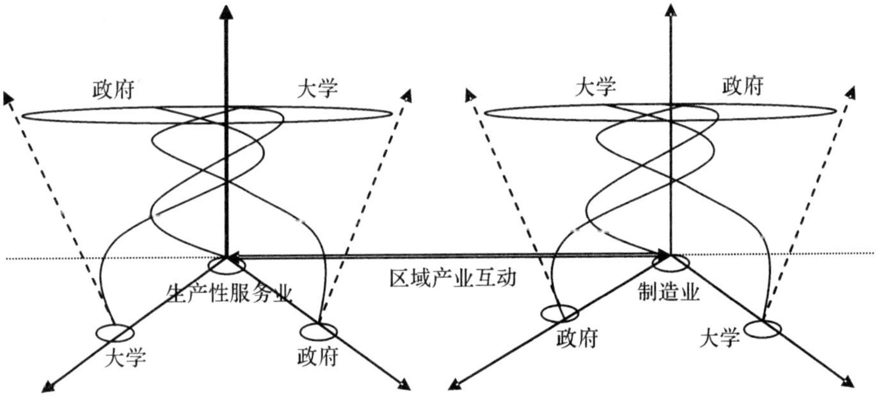

图 2-1 基于区域产业互动的三螺旋创新链协同立体空间结构

因为大学、政府和企业在三螺旋创新链协同网络上具有各自的创新功能定位,所以本章此处接着对图 2-1 中两个并行三螺旋上各主体的创新功能定位和互动演进路径进行探讨,具体内容如图 2-2 所示。

需要加以说明的是,从产业协同的方式来看,生产性服务业对制造业动态创新能力的影响机理主要体现在两个不同的方面:一是通过促使制造业进行专业化生产,来缩短制造业的创新周期,实现创新成果的即时转化;二是承包制造业的部分生产环节,来降低制造企业的技术创新应用成本,实现制造企业创新成本的降低。可以看出,前者主要是生产性服务业通过自身专业知识的"溢出"或者参与制造企业的研发过程来实现创新链协同,后者主要是生产性服务业基于高效的专业性服务能力完成所承接制造业的服务外包来实现创新链协同。为行文方便,此处将前者称为创造性服务创新,而后者称为保障性服务创新。

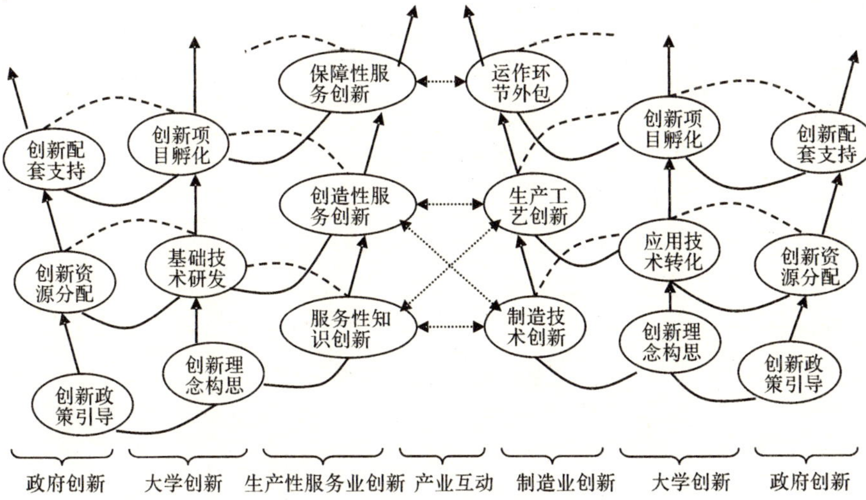

图 2-2　基于区域产业互动的三螺旋创新链协同演化路径

(2)创新链行为

本章遵循 SCP 分析范式,在探讨了上述两个并行三螺旋的创新链协同结构之后,进而对大学、政府、生产性服务业和制造业等主体各自的创新行为及其相互之间的创新关联进行了归纳。为体现区域创新链协同的整体绩效,在借鉴已有成果的基础上,本章还添加了区域创新链协同成果的使用者,也即终端用户这一主体。其具体内容如图 2-3 所示。

2.3　创新链协同模型构建和应用

在明确了上述两个并行三螺旋创新链协同的结构和行为之后,本章对其协同绩效(也即三螺旋创新链协同能力)的评价方式进行探讨。

(1)模型描述

创新链协同系统协同度是指各创新主体在合作过程中相互作用的一致性程度,是系统主体行为协调的程度。由孟庆松、韩文秀(2000)提出的复合系统协调度模型可知,区域创新协同度越大,则区域创新链协同能力就越高;反之则越低。因此本章引入协同学的相关理论,结合区域三螺旋创新链协同系统的特点,构建区域三螺旋创新链协同能力评价模型,从而对基于区域产业互动的三螺旋创新链协同能力进行量化评价。

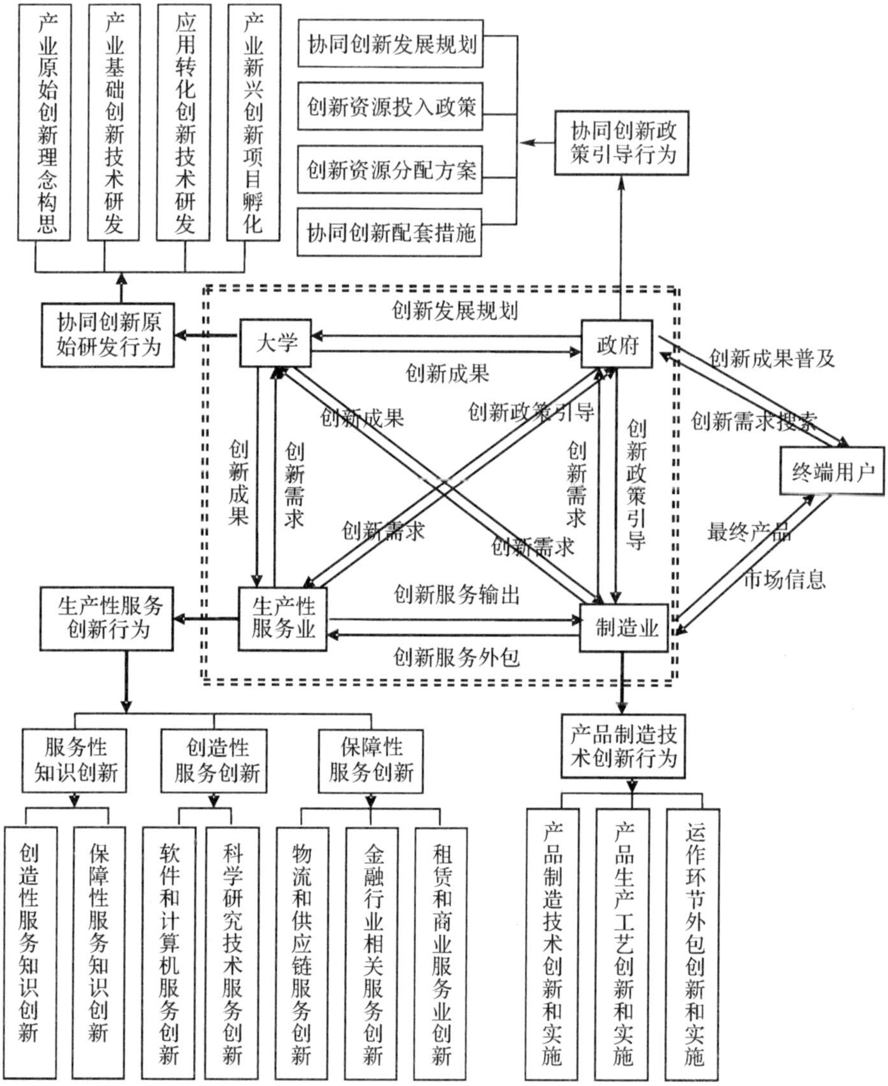

图 2-3　基于区域产业互动的三螺旋创新链协同主体行为

将基于区域产业互动的三螺旋创新链协同系统视为一个复合系统，所包含的子系统为 S_j，$j \in [1,m]$，$m \geqslant 2$；设其演进过程中的序参量变量为 $e_j = (e_{j1}, e_{j2}, \cdots, e_{in})$，$\beta_{ji} \leqslant e_{ji} \leqslant \alpha_{ji}$，$i \in [1,n]$，$n \geqslant 2$。不失一般性，假定 e_{j1}，e_{j2}，$\cdots$，e_{jl} 的取值越大，系统的有序程度越高，其取值越小，系统的有序程度越低；假定 e_{jl+1}，$\cdots$，e_{jn} 取值越大，系统的有序程度越低，其取值越小，系统

的有序程度越高。则各子系统的序参量分量 e_{ji} 的有序度为：$U_j(e_{ji}) = \begin{cases} (e_{ji}-\beta_{ji})/(\alpha_{ji}-\beta_{ji}), i \in [1,l] \\ (\alpha_{ji}-e_{ji})/(\alpha_{ji}-\beta_{ji}), i \in [l+1,n] \end{cases}$，其中 $e_{ji}(i=1,2,\cdots,n)$ 为第 j 个序参量变量的第 i 个指标值，α_{ji}，β_{ji} 为第 j 个序参量变量在第 i 个指标值上的上限值和下限值。$U_j(e_{ji}) \in [0,1]$，其值越大，则 e_{ji} 对系统有序的作用就越大，对系统有序的功效也越大。

子系统 S_j 的协调度 $U_j(S_j) = \sqrt[n]{\prod_{i=1}^{n} U_j(e_{ji})}$，式中 $U_j(S_j)$ 代表子系统 S_j 的协调度，$U_j(S_j) \in [0,1]$，$U_j(S_j)$ 越大，说明子系统 S_j 的协调程度越高，对整个系统的协同程度的贡献也就越大；反之则贡献就越低。

在基于区域产业互动的三螺旋创新链协同系统所给定的初始时刻 t_0，设各子系统 S_j 的系统协调度为 $U_j^0(S_j)$，对于复合系统发展演进过程中的时刻 t_1 而言，设此时各子系统 S_j 的系统协调度为 $U_j^1(S_j)$，且 $U_j^1(S_j)-U_j^0(S_j) \geqslant 0$（或者 $U_j^1(S_j)-U_j^0(S_j) \leqslant 0, j \in [1,m]$），则复合系统的整体协同度可以表示为：$c = \theta\sqrt{\prod_{j=1}^{m} \left|U_j^1(S_j)-U_j^0(S_j)\right|}$，其中 $\theta = \dfrac{\min[U_j^1(S_j)-U_j^0(S_j)]}{\left|\min[U_j^1(S_j)-U_j^0(S_j)]\right|}$。

由上式可得 $c \in [-1,1]$，c 值越大，则基于区域产业互动的三螺旋创新链协同系统的整体协同程度越高，也即区域三螺旋创新链协同能力越高；反之则越低。从参数 θ 的定义可以看出，当且仅当 $U_j^1(S_j)-U_j^0(S_j) > 0$ 时，复合系统才有正的协同度。上述复合系统的协同度是由所有 j 个子系统共同决定的，如果某些子系统的有序程度较大或者上升，而其他子系统的有序程度较小或者下降，则复合系统的整体协同度就不高，此时表现为 $c \in [-1,0]$。只有各个子系统均处于同步增长或者降低的状态时，整个复合系统才处于协调状态。

（2）序参量的确定

在区域三螺旋创新链协同能力评价模型中，序参量的选择至关重要，它将直接影响到复合系统协同度的测度。梳理三螺旋创新链协同能力评价的主要相关文献可以发现，目前对此领域的研究主要还是针对“大学—政府—企业”三螺旋展开的，从“大学—政府—生产性服务业”和“大学—政府—制造业”两个并行三螺旋上分别设计评价指标的研究尚显不足。针对这种情况，本章遵循科学性、实用性、可操作性的原则，在充分借鉴之前相关研究成果的基础上，设计完成了区域三螺旋创新链协同能力评价模型的序参量，也即基于区域产业互动的三螺旋创新链协同能力的评价指标体系，具体内容如图 2-4 所示。其中生产性服务业和制造业的评价指标包括三个部分:共性指标(基于传统三螺旋创新模型中企业与大学和政府之间的协同效应)、个性指标(基于二者的不同创新特征)和互动指标(基于二者之间的互动关系)。

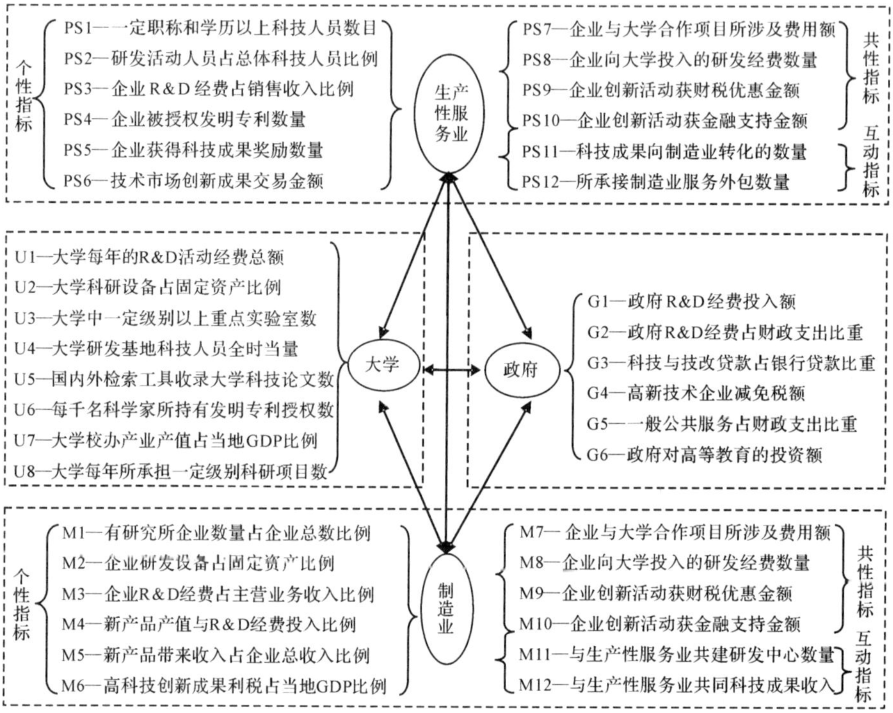

图 2-4 基于区域产业互动的三螺旋创新链协同能力评价模型序参量

(3)模型应用

结合上述区域三螺旋创新链协同能力评价模型及序参量类别可以看出,在区域产业互动情境下,三螺旋创新链协同能力的评价将存在两种方法(下述三类复合系统的协同度越大,则其对应的创新链协同能力就越强;反之则越弱):其一是将生产性服务业和制造业归并为企业维度,计算"大学—政府—企业"三螺旋系统协同度,即 $c_{PS+M} = c\{U,G,PS+M\}$,这也是目前大多数成果所采取的三螺旋创新链协同能力评价方法。其二是分别计算"大学—政府—生产性服务业"和"大学—政府—制造业"三螺旋系统协同度,即 $c_{PS} = c\{U,G,PS\}$ 和 $c_M = c\{U,G,M\}$,这种方式即是本章所提出评价理念的具体应用。为体现"区域产业互动"这一视角对三螺旋创新链协同能力评价的意义,下面给出一个具体实例。

2.4 实例分析

笔者近期所承担的科研和咨询项目中涵盖了“生产性服务业和战略性新兴产业互动”这一内容，为较好地完成研究工作，通过相关职能部门的配合，项目组较为有效地收集到了两个地级市（以下简称A市和B市）范围内三螺旋创新链协同能力评价指标（即上述图2-4中序参量）的原始数据。此处需要说明的是，为保证项目成果给出更具可行性的决策建议，在研究过程中项目组同时对战略性新兴产业和传统制造业进行了数据采集，并将二者归并为制造业维度。在数据预处理之后，我们按照区域三螺旋创新链协同能力评价模型，分别计算出A市和B市的 C_{PS+M}、C_{PS} 和 C_M 值，具体数据列示于图2-5和图2-6中：

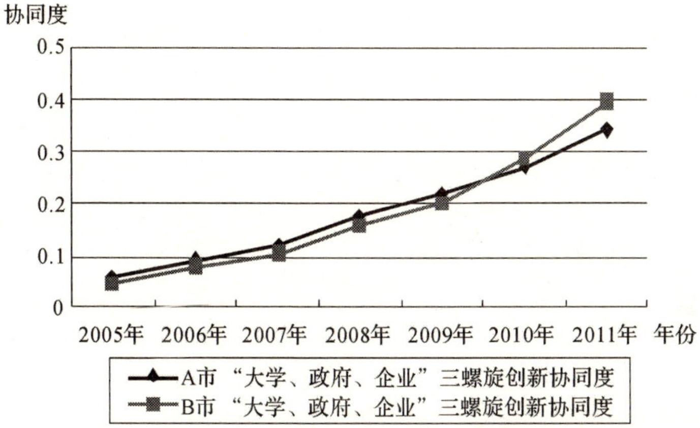

图2-5 A市和B市的 C_{PS+M} 发展趋势

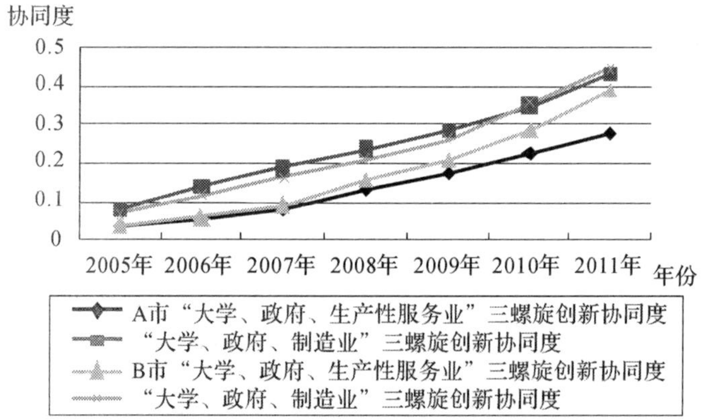

图 2-6　A 市和 B 市的 c_{PS} 和 c_M 发展趋势

在图 2-5 中我们可以发现 B 市"大学—政府—企业"三螺旋创新链协同能力一直在 A 市之下或者基本接近，然而在 2010 年却反超 A 市，并于 2011 年产生了一个明显的跃升。但图 2-5 中的信息却难以对该现象的产生给出合理的解释。而根据图 2-6 所示，我们可以发现 A 市和 B 市"大学—政府—制造业"三螺旋创新链协同能力基本相差无几，即使在 2010 年和 2011 年 B 市的该项创新链协同能力也仅比 A 市略高，然而 B 市"大学—政府—生产性服务业"三螺旋创新链协同能力从 2009 年开始就明显高于 A 市，2010 年快速提升，2011 年更出现了明显的跃升。

因而我们可以借此得出一个初步结论：B 市"大学—政府—企业"三螺旋创新链协同能力在 2010 年之后快速提升的原因之一可以被归结为：B 市"大学—政府—生产性服务业"三螺旋创新链协同能力的提升通过区域产业互动作用对"大学—政府—制造业"三螺旋创新链协同所产生的"创新溢出"效应。这一点表明将三螺旋模型中的企业维度区分为生产性服务业和制造业两个亚类，能够在理论上为三螺旋创新链协同能力评价问题的研究提供一种新的思路，进而丰富三螺旋的理论体系。

我们同时也据此给出了相应的初步决策建议：建议 A 市大学在 $R\&D$ 投入、专业人才引进、服务性项目研究和衍生企业发展等方面强化生产性服务业的基础创新能力，A 市政府在创新政策设计、创新资源分配、金融财税支持和服务技术交易等方面给予生产性服务业更多的支持。这一点表明将三螺旋模型中的企业维度区分为生产性服务业和制造业两个亚类，能够在实践上为区域创新链协同能力评价提供更为详细的信息，进而为大学和政府提升与三螺旋模型中企业维度的创新协同作用提供有针对性的决策建议。

2.5 小结

(1)结论与讨论

本章将传统三螺旋创新链协同体系中的企业维度区分为生产性服务业和制造业这两个创新特征不同的亚类，遵循 *SCP* 分析范式，首先探讨了基于区域产业互动的两个并行三螺旋创新链协同的结构和行为；然后构建出三螺旋创新链协同能力评价模型，并通过一个实例分析对该模型的应用方式、理论意义和实践作用进行了阐述。

基于理论推演和实例分析，我们获得以下结论：第一，基于生产性服务业和制造业的不同创新特征和区域互动关系，区域三螺旋创新链协同结构可以被解析为“大学—政府—生产性服务业”和“大学—政府—制造业”两个并行的创新三螺旋，大学、政府、生产性服务业和制造业等创新主体在这两个三螺旋上具有各自的创新功能并相互创新链协同。第二，使用“大学—政府—生产性服务业”和“大学—政府—制造业”两个创新三螺旋对区域创新链协同能力进行评价，不仅在理论上弥补了以往对区域三螺旋创新问题研究的不足，而且能够在实践上为区域创新链协同能力的提升提供更为详细的参考信息。

(2)局限与展望

尽管本章对基于区域产业互动的三螺旋创新链协同能力评价问题进行了理论推演和实例分析；但仍然存在一些不足：首先，本章仅对“大学—政府—生产性服务业”和“大学—政府—制造业”两个创新三螺旋的结构和行为进行了初步探讨，但各个主体在区域创新链协同系统中的作用机制仍需通过案例分析和实地调研进行更深入的探析；其次，本章仅通过一个较为简单的实例分析对三螺旋创新链协同能力评价模型的应用和意义进行了初步分析，其普适性受到一定限制，未来可以通过仿真模型和更大样本数据交叉研究，对基于区域产业互动的三螺旋创新链协同能力评价问题进行更为深入的探究。

3. 创新链的价值网络模型

3.1 引言

创业活动的出现已逐渐成为市场上越来越常见的现象,无论是学术界的理论推演,还是企业界的实践运作,都围绕着创业活动进行了深入和广泛的探讨与归纳,创业管理也随之产生了数量丰富的成果,创业绩效和创业能力就是其中两个研究焦点。对创业绩效的前馈因素分析,以及对创业能力的提升方式和作用效应的探讨都衍生出了很多的理论观点和实施模式。

然而进行较为深入的文献梳理我们可以发现,这些研究成果对新创企业固有属性的关注尚显不足。在目前的技术氛围和市场环境下,新创企业往往会面临着极端不确定的技术研发态势以及产品忠诚度降低成为常态的客户偏好;同时新创企业往往还在技术资源禀赋、市场经验积累、产品声誉水平等方面处于劣势。因此,颠覆性的创新产品、崭新的商业模式、快速的产品更迭以及灵活的服务机制等将成为新创企业提升经营绩效的合适途径。不难看出,这些途径的实质都蕴含着"创新"这一本质特征。而目前在创业绩效和创业能力的探究观点中,"创新"这一特征的凸现仍然尚待加强。

在产业链中,价值增值包含最多的环节就是以智力支持和创新成果为表现的创新链部分,但在实践运行过程中,却往往由于科研创新的"不确定性"实施与产业"确定性"的组织运行之间的差异性,导致产业的发展演化缺乏创新链的有效支撑。考虑到新创企业的高风险性、高投入性和高不确定性等特征,目前创新链对新创企业绩效提升的促进作用就显得更加缺乏。同时,已有的研究成果发现,新创企业所嵌入的网络与其创业绩效间并非简单的线性关系,其中必然会包含着某些中介变量的作用。

据此,本章依据 *SCP* 的经典研究框架,构建出新创企业"创新链多重网络特征—创业能力—创业绩效"的理论框架,选取创新链为前馈变量,将其解析为多重网络结构，探讨其与创业绩效间的关系，并在整理创业能力组成维度的基础上，同时探讨其在创新链和创业绩效之间的中介作用。本章的研究方法包括在文献梳理基础上对创新链内多重网络的解析，创业能力组成维度的界定，以及基于209家新创企业问卷调研基础上的多元回归分析。

3.2 概念界定

(1)创新链及其多重网络

创新链是建立在分工协作基础之上的一种“求新”生态图谱，如同生物界的“求存”生态图谱——生物链一样。自从20世纪末创新链概念被提出之后，其观点和内容也处于较快的演化进程之中。其中第一代创新链模式认为，技术推动和市场拉动的双向作用能够实现创新链反馈环的耦合；而反向反馈线性创新链则在第二代创新链模式中得到了较多的认可；之后随着各类主体创新行为数量的增多和模式的复杂化，第三代创新链模式表现出了明确的非线性化特征；第四代创新链中则以循环创新链模式为较新的探索方向。

从文献梳理的结果来看，尽管创新链构想的探究历经了数个阶段，但其本质依然是从新思想到技术扩散的一系列职能活动的序列集合。本章认为，创新链是由产业链上各创新功能主体依托价值关联所形成的，一般由节点和支撑点两部分构成。节点一般由核心企业、上下游企业、科研院所、高等院校等主体来担当，而支撑点则一般由政府以及其他社会组织(如中介组织、金融机构等)担当。

根据上文对创新链上组成主体的分析，并考虑到与之前研究成果的有效承接，本章将创新链解构为三类不同性质的网络(参见图3-1)。

第一，政治网络，目前的研究成果一般认为企业技术创新和公司创业行为会受到政治网络关系的影响。一般认为，制定合理的政策导向、营造良好的创新氛围、提供科学的资金支持计划等是政府主管部门完善创新链的主要途径；各类金融机构和行业协会则能够为创新链上的各类功能主体提供必要的发展资金额度、行业发展状况信息、专业性的参考资讯内容。因此可以认为政治网络一般包括本地政府主管部门、各类金融机构和行业协会。

第二，技术网络，创新链上的核心企业往往会囿于自身科研视野和研发实力,需要将自身所需实施的技术项目交付外部的高等院校和科研院所进行合作开发,以及委托这类组织和机构帮助培育研发团队。这种产学研的联盟架构,既可以解决核心企业对技术研发的及时性需求,同时也能够为高等院校和科研院所的大量科技成果谋求产业化途径,并对其前期投入给以补偿。因此可以认为技术网络一般包括本地高等院校、科研机构和其他科技服务机构。

第三,商业网络,创新链上主体的研发成果必须要得到终端市场的认可,才能算作是获得了真正的成功,同时商业网络中所蕴含的市场需求信息和消费者心理分析也是激发和促进创新理念产生最有力的源头。相关实证分析的结果表明,商业网络关系、组织学习和公司创业三者之间存在相互促进的关联。因此可以认为商业网络一般包括本地供应商、客户企业、同行业的企业和其他企业。

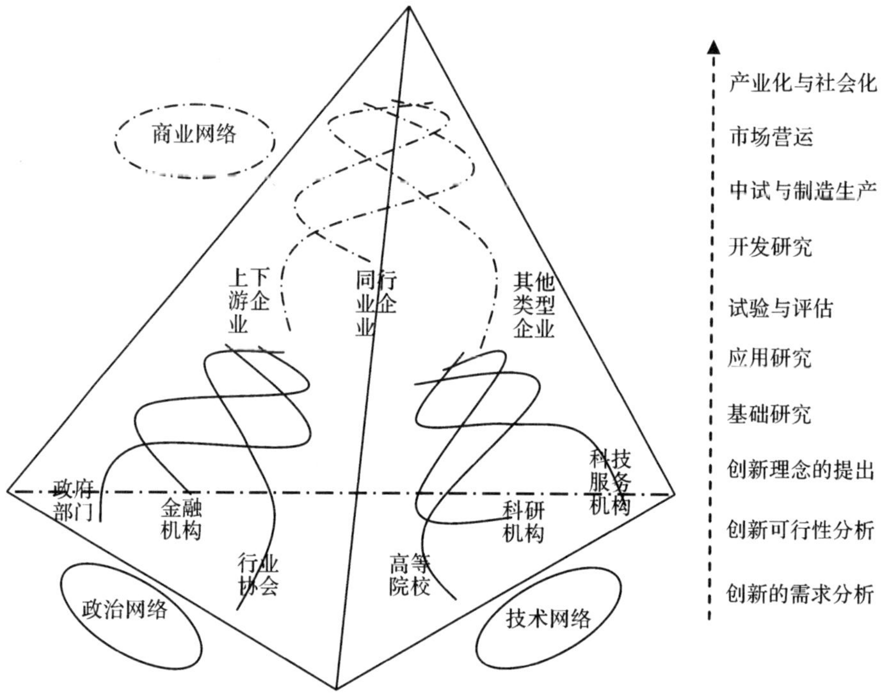

图 3-1 创新链内多重网络结构

(2)创业能力

20 世纪 90 年代,能力理论被引入创业领域,之后有很多学者进行了延伸和拓展研究。本章侧重对创业能力维度划分的主要研究成果进行了初步的梳理，见如图 3-2。从图 3-2 中创业能力维度划分的演化脉络来看，自从 Chandler(1992)提出创业能力维度划分的经典模型之后，又有很多学者对此问题进行了延伸和拓展分析，使得创业能力维度组成的内涵和外延都有了较大的丰富。归纳起来，创业能力维度的研究主要是顺延着机会识别能力、机会开发能力、关系能力、承诺能力、战略能力和组织管理能力六个分支来进行的，部分学者根据自身的研究情境对上述六个基本维度进行了微调和归并，为了尽可能地涵盖创业能力研究领域学者们的成果，以达到尽量完整地描述核心企业创业能力与其他因素关联状况的目的，我们借鉴唐靖等(2008)和叶峥等(2014)的观点，将创业能力解析为创业认知能力、机会获取能力和运营管理能力三个维度。

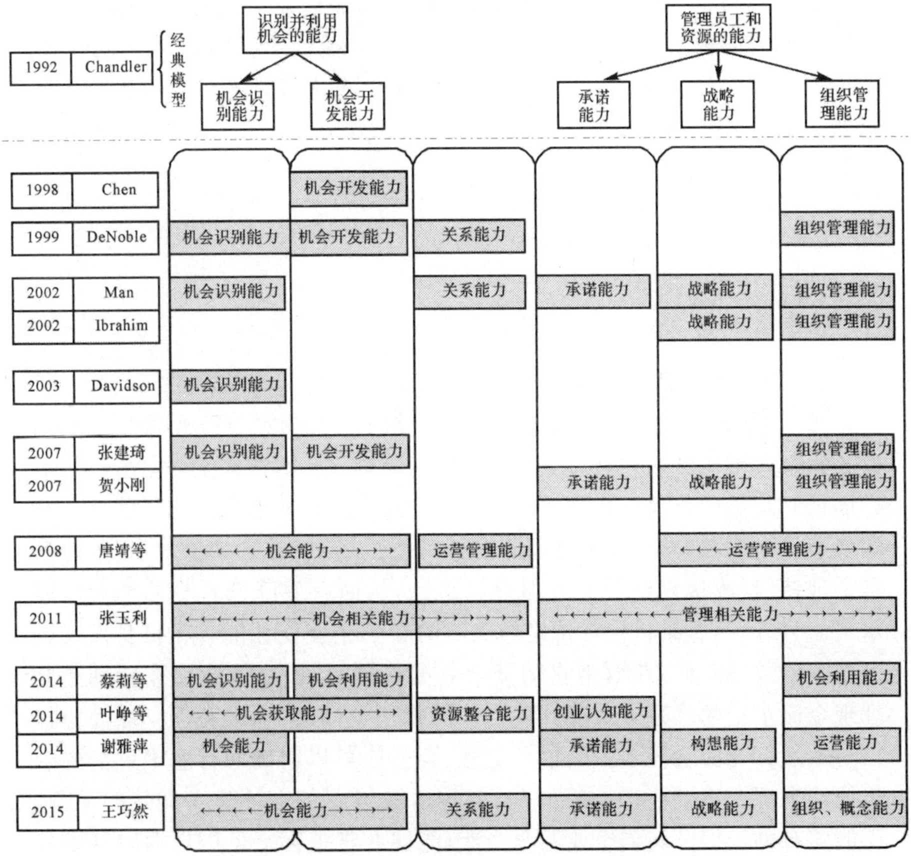

图 3-2 创业能力维度划分的研究成果梳理

(3)创业绩效

有关创业问题的研究最终要落实在创业绩效的完善之上,否则就难以在企业实践上得到真正的应用。因此在创业研究中,学者往往以创业绩效(Entrepreneurial Performance)作为衡量企业创业成效水平的终极指标。目前有关于创业绩效测量指标的研究成果非常丰富,其中创业绩效是组织水平上的创业行为成果,其测量体系会呈现出多维结构,这一思路得到了较多学者的认可。除了财务指标之外,创业绩效还应当包括主观性的评价指标,这些客观和主观指标的交互作用才能够反映出创业活动和行为的全貌。Chandler&Hanks(1998)提出,创业绩效应当被归纳为具有一定系统性的指标体系而非孤立指标的简单罗列,这类指标体系应当涵盖创业者个体、创业团队和企业环境三个领域的内容。因此创业绩效的测量指标设计应当既可以体现出创业的具体过程,又可以包括创业行为的最终结果;同时创业绩效指标还应当根据创业行为的演化来进行动态监测和调整。本章接受 Zahra et al.(2000)和 Parker(2008)的观点,采用主观评价指标来衡量创业绩效。

3.3 假设提出

(1)创新链内多重网络对创业绩效的影响

第一,新创企业自身战略把握、技术导向和市场定位等经营环节都需要紧密契合宏观和中观环境,这样才能在土地、资金以及各类优惠政策等方面得到足够的支持。比如,新创企业产品种类如果符合政府当前所支持的产业导向,比如涉足战略性新兴产业,往往就能够在稀缺土地供应、专项资金扶持、税收优惠给予等方面得到帮助,从而有效降低自身的创业障碍水平。另外,与金融机构保持良好关联的新创企业往往能够在自身发展进入瓶颈阶段的时候,获取宝贵的资金额度扶持,从而在资金运作特别是合理现金流水平的维系方面起到关键性的作用。同时,如果新创企业经常保持与本地行业协会等组织的信息交互,则往往可以明确同行业中可能的合作伙伴来源。特别值得一提的是,与政治网络中各主体建立良好的关系,还能够有助于提升新创企业的合法性,能够在把握部分发展机遇时具备较好的准入资质水平。

根据上述分析,提出如下假设:

H1a:创新链内政治网络对创业绩效存在正向影响。

第二,新创企业要在激烈的市场竞争中占有一席之地,其比较可靠的倚仗就是良好的研发水平和技术储备。然而由于新创企业技术研发资源禀赋往往较为有限,即使能够通过自身的研发活动取得一些技术成果,往往也会因为其推向目标市场的滞后性而难以获得满意的社会认同和市场成功,进而可能导致先期的投入难以得到有效的回收。基于此,新创企业往往需要加强与高等院校以及科研院所的合作,通过双方或者多方协同创新的模式来攻克技术难题,获取技术标准推出的主导权,同时新创企业的技术研发团队也需要在这种产学研联盟的运作中得到磨炼和提升。另一方面,高等院校以及科研院所也会因为自身所储备的科研成果能够在产学研联盟的运作中得到市场认可并有效回收科研活动的前期投入而愿意与新创企业保持长期的合作关系。

根据上述分析,提出如下假设:

H1b:创新链内技术网络对创业绩效存在正向影响。

第三,新创企业强化与上游合作伙伴的关联,能够在源头上降低经营成本,降低原材料供应的缺货风险,为自身技术研发和生产工艺的完善提供宝贵资讯。与下游合作伙伴的信息交互,能够帮助新创企业较快地判断出新产品的最终市场价值,并有效压缩自身新产品的生命周期长度,加快新产品获得市场和社会认可的速度,进而取得满意的创业租金。与同行企业构建良好的网络关系,则能够帮助新创企业掌握行业内的通用商业规则和技术标准,从而不断完善和提升自身新产品的技术含量和市场价值。再有,新创企业与行业内的其他企业,特别是龙头企业建立良好的关联,则有助于提升自身在行业内的合法性,获取更多的市场机遇和行业资讯。

根据上述分析,提出如下假设:

H1c:创新链内商业网络对创业绩效存在正向影响。

(2)创新链内多重网络对创业能力的影响

新创企业的成功首先就是要在进取的心态、前瞻的眼光以及对失败的态度等方面做好准备,而在这些方面创新链内多重网络都能够起到各自的功效。政治网络中所蕴含的政策导向信息和中长期创业规划能够帮助新创企业在对产业、市场和配套环境的未来发展格局上做出精准的判断,并能够随时根据相关政策的调整来对自身的经营行为进行优化。技术网络中所包括的海量研发思路、科研成果、创新工艺等资源,能够帮助新创企业在某一方面研发活动差强人意时,及时地在其他研发领域另辟蹊径、重拾信心。商业网络中丰富的合作伙伴资源则能够在主观上将新创企业带入行业整体运作的大框架之中，能够帮助新创企业在产业架构中谋求自身的合理定位；同时也能够在客观上帮助新创企业在其内部营造"红皇后效应"，从而帮助新创企业在创新和冒险等方面维持良好的心态水平。

根据上述分析，提出如下假设：

H2a：创新链内政治网络对创业认知能力均存在正向影响。

H2b：创新链内技术网络对创业认知能力均存在正向影响。

H2c：创新链内商业网络对创业认知能力均存在正向影响。

创业能力是可习得的，新创企业与外界合作者进行信息交换的过程就与其机会获取能力的习得具有一定的相关性。与政府主管部门维系良好的关系强度，有助于新创企业较早较准确地把握政策脉络，识别创业投资的未来远景。而与技术网络中的科研创新主体进行深入交互，则能够帮助新创企业进行某些颠覆性的创新行为，从而能够在较低水平资源投入的前提下，克服自身在市场上声誉程度不高的障碍，为客户带来性价比较佳的新产品和服务。商业网络中的上下游资讯、消费者偏好等知识更是类似"知识空气"围绕在新创企业周围，帮助新创企业明确目标客户的需求，特别是能够准确感知到未满足的客户需求，从而根据产业链和自身禀赋的状况进行合理创新，来获取较佳的创新业绩和市场份额。

根据上述分析，提出如下假设：

H3a：创新链内政治网络对机会获取能力均存在正向影响。

H3b：创新链内技术网络对机会获取能力均存在正向影响。

H3c：创新链内商业网络对机会获取能力均存在正向影响。

研究表明，掌握了丰富知识资源和运营资源的新创企业更有可能就某个初期的创意观点，做出较为科学的创业决策和举动。毫无疑问，上述资源均可由创新链内各种网络来提供。一般而言，新创企业的发展往往会出现跳跃式或其他类型的非常规特征。因此，新创企业往往更加需要频繁地对自身的资源分配、组织架构、管理流程等内容进行动态调整，从而科学处理组织冗余。而这就越发需要新创企业获取政策资源导向、技术研发图景、商业运作脉络等信息，这些信息的获取都需要新创企业积极嵌入创新链架构之中，从政治、技术、商业等网络中获取各种广泛的信息、知识和资讯。另外，新创企业的演化进程中必须将外部新颖信息与其内部已有的资源进行交互，这样才能更好地发挥创业网络中资源对创业行为效率的促进作用，这也需要新创企业积极与创新链中各类网络构建较强的关联关系。

根据上述分析，提出如下假设：

H4a:创新链内政治网络对运营管理能力均存在正向影响。

H4b:创新链内技术网络对运营管理能力均存在正向影响。

H4c:创新链内商业网络对运营管理能力均存在正向影响。

(3)创业能力在创新链内多重网络与创业绩效间的中介作用

新创企业绩效不仅是内外部资源交互作用的结果，同时也是新创企业管理者创业认识能力的产物。对于不同的新创企业而言，政策信息、研发思路和商业资讯同属于外在的客观存在，要想提升创业行为的绩效，势必需要通过创业者的专业眼光、冒险精神、创新思维等主观意识形态对创业行为产生影响。在创新链内多重网络中的嵌入，能够促使创业者形成其个人的“知识走廊”，从而有效探索适合自身状况的创业机会。经常保持与创新链内各网络较好关系强度的新创企业管理者能够更加明确地了解自身创业过程中所可能出现的困境，提升自身对创业行为的认知能力，进而更习惯于在不确定和复杂的情境中做出准确的创业投资决策，有效降低创业行为的系统性风险，提升创业行为的持续性绩效水平。

根据上述分析，提出如下假设：

H5a:创业认知能力在创新链内政治网络与创业绩效间存在中介作用。

H5b:创业认知能力在创新链内技术网络与创业绩效间存在中介作用。

H5c:创业认知能力在创新链内商业网络与创业绩效间存在中介作用。

在创新链内多重网络资源与新创企业内部进行动态交互的过程中，政策信息、技术知识和商业资讯等资源会帮助创业者全方位地把握各种创业机遇，做出准确的创业决策。而这一动态进程势必需要创业者的机会获取能力作为“桥梁”，因为只有创业者准确地把握到了产业链和创新链中蕴含的技术和市场机遇，才有可能有效地应用创新链中的各类资源，否则这些资源可能会以不恰当的途径被创业企业应用，甚至会被忽视。同时，如果创业者具备较强的机会获取能力，则可能使创业者能够主动地构建和调整与创新链内多重网络的嵌入关系，甚至根据自身的需要对创新链内网络产生影响。在新创企业与创新链内网络交互的进程中，创业者的机会获取能力得到了逐渐的培育和提升，进而使得新创企业能够快速响应瞬息万变的技术环境和终端市场。

根据上述分析，提出如下假设：

H6a:机会获取能力在创新链内政治网络与创业绩效间存在中介作用。

H6b:机会获取能力在创新链内技术网络与创业绩效间存在中介作用。

H6c:机会获取能力在创新链内商业网络与创业绩效间存在中介作用。

毋庸置疑，创业行为绩效的提升最终还是需要创业企业运营管理能力的提高，创新链内各种显性和隐性知识帮助创业者提升创业认知能力和机会获取能力之后，就必须进一步强化其运营管理能力。政策导向信息有利于创业者有针对性地决定内部资源的调配，技术创新知识能够帮助创业者科学分析新产品可能的市场前景，产业链和终端市场资讯可以帮助创业者寻求最为合理和高效的新产品产业化途径。由此可见，运营管理能力可以被视为创新链内多重网络资源影响新创企业绩效的“通道”之一。值得一提的是，创业者对内部架构的优化能力以及对利益相关者的协调能力，能够分别从提升内部运作效率和获取外部伙伴支持两个方面，在新创企业所嵌入创新链网络影响创业绩效的进程中起到承上启下的功效。

根据上述分析，提出如下假设：

H7a：运营管理能力在创新链内政治网络与创业绩效间存在中介作用。

H7b：运营管理能力在创新链内技术网络与创业绩效间存在中介作用。

H7c：运营管理能力在创新链内商业网络与创业绩效间存在中介作用。

综上，提出本章的概念模型（如图 3-3 所示）。

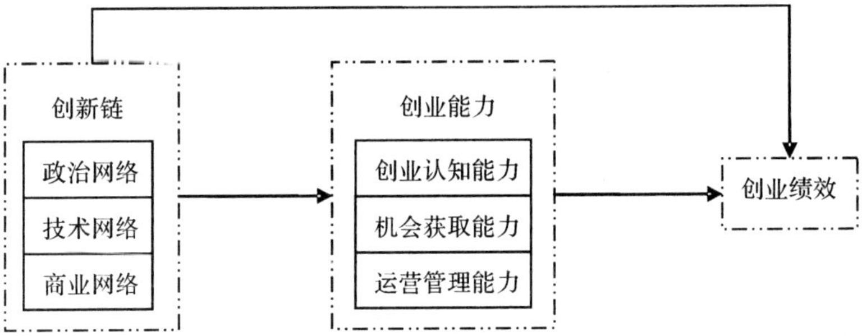

图 3-3　概念模型

3.4　研究变量及其测量

本章的研究对象为本土的新创企业，根据目前的主流观点，成立年限低于 8 年的即可视为新创企业，本章也接受这一标准，对至问卷发放当年不足 8 年的样本进行调研。

为了提高本章问卷的信度与效度，同时考虑到研究成果的普适性需要，本章首先尽可能地选取国内外较为成熟的量表作为基础，并在正式发放大样本调研问卷之前，根据 12 家新创企业的问卷测试结果对量表进行题项设计和术语表达等方面的调整。本章采取 Likert 5 级量表打分法，调研问卷中数字 1—5 的增加顺序代表从完全不同意向完全同意的过渡，其中数字 3 为同意程度的中间水平。

本章的自变量为创新链内多重网络，主要包括政治网络、技术网络和商业网络。目前能够用于表征核心企业与网络间节点关联和资源获取的指标较多，其中关系紧密程度是使用较为常见的指标之一，核心企业与网络中成员的联系越紧密，则表示二者之间的关系距离越近，也越有助于分享信息和共享资源。同时联系紧密程度也是能够较好表征关系强度的测量指标，据此本章选择使用联系紧密程度来测量核心企业与创新链内多重网络中成员间关联，并选择 Peng&Luo(2000)、Watson(2007)、邬爱其、魏江(2007)、戴维奇(2011)的研究为主要参考来源，设计出本章的创新链内多重网络测量量表，具体内容请参见表 3-1。

本章的中介变量为创业能力，根据前文对创业能力变量研究进程的归纳，此处创业能力被解析为创业认知能力、机会获取能力、运营管理能力三个维度，并分别选择 Shane(2003)，Chandler&Hanks(1994)，Chandler&Jansen(1992)和 Man(2002)的研究为主要参考来源，设计出本章的创业能力测量量表，具体内容请参见表 3-1。

本章的因变量为创业绩效，借鉴目前主流研究的思路，我们选择多重主观绩效指标来测量新创企业的创业绩效，并选择 Chandler&Hanks(1994)、Zahra et al.(2000)、Parker(2008)的研究为主要参考来源，设计出本章的创业绩效测量量表，具体内容请参见表 3-1。

本章的控制变量选择了企业年龄、企业规模和所属行业。其中企业年龄分为“1—2 年”“3—5 年”“6—8 年”三个等级，企业规模用员工人数来衡量，分为“50 人及以下”“51 到 200 人”“201 到 500 人”“501 到 1000 人”“1000 人以上”五个等级。所属行业区分为“战略性新兴产业”和“传统产业”。

表 3-1　各变量的度量指标

变量		题项(采用 Likert 5 级打分法)	文献来源
创新链	政治网络	PN1:与本地政府主管部门保持紧密的联系	Peng&Luo(2000),邬爱其,魏江(2007),戴维奇(2011)
		PN2:与本地各类金融机构保持紧密的联系	
		PN3:与本地行业协会保持紧密的联系	
	技术网络	TN1:与本地高等院校保持紧密的联系	Watson(2007)
		TN2:与本地科研机构保持紧密的联系	
		TN3:与本地其他科技服务机构保持紧密的联系	
	商业网络	CN1:与本地供应商保持紧密的联系	Peng&Luo(2000),邬爱其,魏江(2007),戴维奇(2011)
		CN2:与本地客户企业保持紧密的联系	
		CN3:与本地同行业企业保持紧密的联系	
		CN4:与本地其他企业保持紧密的联系	
创业能力	创业认知能力	ERC1:非常强调和支持创新	Shane(2003)
		ERC2:非常强调在行动上领先对手	
		ERC3:非常注重对未来进行前瞻性判断与思考	
		ERC4:非常倾向于采取大胆行动以实现企业目标	
		ERC5:通常易于接受冒险的可能后果	
	机会获取能力	OAC1:能够准确感知到未满足的客户需求	Chandler&Hanks(1994)
		OAC2:花费较多精力寻找能为客户带来的价值产品和服务	
		OAC3:能够有效识别消费者需要的产品和服务	
		OAC4:在企业员工的配合下能够预测投资的前景	
	运营管理能力	OMC1:能够做出达到利益最大化的资源分配决策	Chandler&Jansen(1992),Chandler&Hanks(1994),Man(2002)
		OMC2:能够组织和激励员工完成企业目标	
		OMC3:能够有效组织资源和协调各项工作任务	
		OMC4:能够及时调整公司的战略目标和经营思路	

续　表

变量	题项(采用 Likert 5 级打分法)	文献来源
创业绩效	EP1:与竞争对手相比,公司市场份额增长较快	Chandler&Hanks (1994),Zahra et al. (2000),Parker(2008)
	EP2:与竞争对手相比,公司销售额增长较快	
	EP3:与竞争对手相比,公司利润增长较快	
	EP4:与竞争对手相比,公司员工数量增长较快	
	EP5:与竞争对手相比,公司新产品或服务种类增长较快	
	EP6:与竞争对手相比,公司生产率增长较快	

3.5 样本选择与数据收集

本章问卷调研的对象为湖南、湖北和广东三个省份成立年限在 8 年以下的新创企业,调研对象是新创企业的创立者、总经理或者核心高管人员。主要通过如下四个途径进行:第一,通过当地创业园区、企业孵化器、产业园区的相关管理委员会来发放问卷;第二,通过老师、同学和朋友的关系网络进行问卷发放;第三,通过笔者自己在日常管理咨询、企业培训的机遇进行现场发放;第四,通过 E-mail 途径发放。本次调研共发放问卷 400 份,回收问卷 307 份,问卷回收率为 76.8%;其中有效问卷 201 份,问卷总有效率为 50.3%。

首先,对本次调研所回收样本进行 t 值检验,结果显示所有观测变量均不存在显著差异($p>0.05$),这就表明不同取样方式不会对实证分析的结果造成显著影响。其次,使用 Harman 单因子法来检验共同方法偏差问题,通过对整体调研问卷进行检验,发现在未旋转情况下所形成的第一个因子只能解释 34.861% 的方差,因变量和自变量也分别载荷到不同的因子上,没有出现单个因子,也没有出现单个因子解释多数方差的情况。再次,对 201 份有效问卷和 106 份无效问卷进行 t 检验,发现所有 t 值均呈现非显著性,这表明非回应偏差问题不会对实证分析的结果造成显著影响。最后,从样本的描述性统计结果(参见表 3-2)可以看出,调研样本的年龄、规模和行业特征的分布具有一定的代表性和广泛性,而且新创企业的最长年限只到 8 年,时间跨度相对较短,后视偏差问题也不会对实证分析的结果造成显著影响。

表 3-2 样本的描述性统计(N=201)

项目	类别	样本量(个)	百分比(%)
企业年龄(年)	1—2	72	35.8
	3—5	71	35.3
	6—8	58	28.9
企业规模(员工人数:人)	1—50	124	61.7
	51—200	56	27.9
	201—500	13	6.5
	501—1000	5	2.2
	1000 以上	3	1.5
所属行业	战略性新兴产业	90	44.8
	传统产业	111	55.2

3.6 研究结果

(1)信度和效度检验

本章采用 SPSS16.0 对创新链内多重网络、创业能力和创业绩效进行信度和效度检验(分析数据如表 3-3 所示)。从表 3-3 可以看出,各题项的因子载荷均大于 0.7,说明本章测量模型的效度较高;各变量的系数均大于 0.7,说明本章测量模型的信度符合要求。

表 3-3 各变量因子载荷系数及 Cronbach's α 系数统计

变量		题项	描述性统计		因子载荷	可解释方差(%)	Cronbach's α 系数
			均值	标准差			
创新链	政治网络	PN1	3.787	1.107	0.908	74.117	0.867
		PN2	3.747	1.030	0.903		
		PN3	3.879	1.064	0.891		

续 表

变量		题项	描述性统计		因子载荷	可解释方差（%）	Cronbach's α系数
			均值	标准差			
创新链	技术网络	TN1	3.787	1.005	0.827	71.801	0.861
		TN2	3.747	1.020	0.741		
		TN3	3.879	1.029	0.818		
	商业网络	CN1	3.808	0.964	0.839	73.322	0.817
		CN2	3.716	0.911	0.828		
		CN3	3.777	0.929	0.821		
		CN4	3.757	0.919	0.834		
创业能力	创业认知能力	ECC1	3.584	0.962	0.808	70.986	0.798
		ECC2	3.696	0.949	0.818		
		ECC3	3.767	0.955	0.826		
		ECC4	3.655	0.959	0.820		
		ECC5	3.798	0.967	0.802		
	机会获取能力	OAC1	3.899	0.992	0.836	69.559	0.805
		OAC2	3.818	0.999	0.829		
		OAC3	3.665	1.004	0.822		
		OAC4	3.889	0.997	0.830		
	运营管理能力	OMC1	3.706	0.982	0.849	0.555	0.824
		OMC2	3.787	0.989	0.840		
		OMC3	3.655	0.986	0.824		
		OMC4	3.737	0.991	0.831		
创业绩效		EP1	3.492	0.975	0.736	80.964	0.835
		EP2	3.584	0.960	0.809		
		EP3	3.533	0.964	0.829		
		EP4	3.574	0.967	0.852		
		EP5	3.625	0.968	0.821		
		EP6	3.553	0.971	0.837		

(2)相关分析和回归三大问题检验

本章使用 SPSS16.0 对创新链内多重网络、创业能力、创业绩效以及控制变量进行相关分析，其分析结果如表 3-4 所示。从表 3-4 中数据可以看出，创新链内多重网络与创业能力和创业绩效间均存在显著相关关系，同时创业能力与创业绩效间也存在显著相关关系。

为保证后文多元回归分析模型的可行性，此处我们还对回归模型的多重共线性、异方差和序列相关三大问题进行检验。首先，回归模型的方差膨胀因子(VIF)均小于 5，容忍度(TOL)大于 0.5，因而不存在多重共线性问题。其次，本章回归分析所得的散点图大体呈无序状态，因而不存在异方差问题。最后，回归分析所得 Durbin-Watson 值介于 1.8—2.1 之间，因而不存在序列相关问题。

表 3-4 各变量相关系数矩阵

	1	2	3	4	5	6	7	8	9	10
1. 企业年龄	1.000									
2. 企业规模	0.018	1.000								
3. 所属行业	−0.022	−0.015	1.000							
4. 政治网络	−0.071	0.066*	−0.014	1.000						
5. 技术网络	0.105*	0.124	0.020*	0.187	1.000					
6. 商业网络	0.118	0.097	0.016*	0.191**	0.181**	1.000				
7. 创业认知能力	0.093*	0.086*	−0.026	0.223**	0.239**	0.295**	1.000			
8. 机会获取能力	−0.107	−0.094	0.018	0.339**	0.308**	0.323**	0.471**	1.000		
9. 运营管理能力	−0.126	−0.103	0.021	0.209**	0.219**	0.259**	0.394**	0.401**	1.000	
10. 创业绩效	0.107	0.098*	−0.015	0.274**	0.301**	0.292**	0.414**	0.387**	0.362**	1.000

注：*** 表示显著性水平 $p<0.001$，** 表示显著性水平 $p<0.01$，* 表示显著性水平 $p<0.05$。

(3)多元回归分析

如表 3-5 是多元回归分析的结果。

从模型 2 可以看出，政治网络、技术网络和商业网络均对创业绩效存在正向影响，其回归系数分别为 0.315，0.304 和 0.287（显著性水平 $p<0.01$），因此假设 H1a 、H1b 和 H1c 均得到支持。同时从回归系数的比较可以看出，创新链内多重网络对创业绩效的影响程度存在差异，其中政治网络对创业绩效的正向影响效应最大，而商业网络对创业绩效的正向影响效应最小。

从模型 7 可以看出，政治网络、技术网络和商业网络均对创业认知能力存在正向影响，其回归系数分别为 0.473，0.415 和 0.408（显著性水平 $p<0.01$），因此假设 H2a、H2b 和 H2c 得到支持。同时从回归系数的比较可以看出，创新链内多重网络对创业认知能力的影响程度存在差异，其中政治网络对创业认知能力的正向影响效应最大，而商业网络对创业认知能力的正向影响效应最小。

从模型 8 可以看出，政治网络、技术网络和商业网络均对机会获取能力存在正向影响，其回归系数分别为 0.378，0.414 和 0.396（显著性水平 $p<0.01$），因此假设 H3a、H3b 和 H3c 得到支持。同时从回归系数的比较可以看出，创新链内多重网络对机会获取能力的影响程度存在差异，其中技术网络对机会获取能力的正向影响效应最大，而政治网络对机会获取能力的正向影响效应最小。

从模型 9 可以看出，政治网络、技术网络和商业网络均对运营管理能力存在正向影响，其回归系数分别为 0.277，0.335 和 0.371（显著性水平分别为 $p<0.05$，$p<0.01$，$p<0.001$），因此假设 H4a、H4b 和 H4c 得到支持。同时从回归系数的比较可以看出，创新链内多重网络对运营管理能力的影响程度存在差异，其中商业网络对运营管理能力的正向影响效应最大，而政治网络对运营管理能力的正向影响效应最小。

为了检验创业能力的中介作用，我们首先通过模型 3 检验了创业能力三个维度对创业绩效存在正向影响，然后在模型 2 的基础上分别加入创业认知能力、机会获取能力和运营管理能力三个变量，构建出模型 4、模型 5 和模型 6。模型 4 显示，在引入创业认知能力变量之后，政治网络对创业绩效的回归系数并没有减小，这表明将创业认知能力作为政治网络对创业绩效影响的中介是不合适的，故假设 H5a 没有得到数据支持；技术网络对创业绩效的回归效应显著，对比模型 2 和模型 4 可知，加入创业认知能力变量之后，技术网络对创业绩效的回归系数有所减小，这表明技术网络对创业绩效的影响有一部分是通过创业认知能力中介完成的，故假设 H5b 得到数据支持；同理假设 H5c 没有得到数据支持。

机会获取能力和运营管理能力的中介作用的假设可以通过模型5和模型6进行验证。假设H6a、H6b、H6c、H7b和H7c得到数据支持，假设H7a没有得到数据支持。其中值得指出的是，创新链内政治网络对创业绩效的正向影响是显著的，但是在模型5中加入机会获取能力之后变为了不显著，说明机会获取能力在政治网络对创业绩效的影响中起到了完全中介的作用。

本章的实证分析结果验证了大部分的理论假设，对“创新链内多重网络—创业能力—创业绩效”的作用机制进行了较好的印证。此处我们对未得到验证的假设进行简单的解释性分析：(1)假设H5a和H7a未得到验证，表明创新链内政治网络对创业绩效的作用未通过创业认知能力和运营管理能力来进行中介，结合H6a的实证数据，可以看出创新链内政治网络对创业绩效的作用被机会获取能力完全中介。其可能的原因在于政治网络所蕴含的信息和资源多半属于较为宏观层面的政策导向和长远规划，这些资源更多的是帮助创业者把握行业的发展走势以及政策的支持导向，所以其对创业绩效的影响被新创企业对创业机会的获取能力完全中介，至于创业认知能力和运营管理能力这些基本局限于新创企业内部愿景氛围和运作流程等方面的能力则相对较难起到中介变量的作用。(2)假设H5c未得到验证，表明创新链内商业网络对创业绩效的作用未通过创业认知能力来进行中介。其可能的原因在于商业网络主要提供了新产品成型、中试化以及产业化之后的经营类资讯，这些资源往往是在创业产品和服务的后期阶段起作用，而创业认知能力的功效发挥往往聚焦于创业行为的导入期和成长期，因此难以成为商业网络影响创业绩效的中介要素。

表 3-5　多元回归分析结果

	创业绩效						创业认知能力	机会获取能力	运营管理能力
	模型 1	模型 2	模型 3	模型 4	模型 5	模型 6	模型 7	模型 8	模型 9
控制变量									
企业年龄	0.023	−0.083	0.031*	−0.093	−0.098	−0.102	0.010	0.011	0.019
企业规模	0.021	−0.077*	0.029	−0.086*	−0.091*	−0.095*	0.009	0.014	0.017
所属行业	0.102	0.182	−0.171*	−0.163	0.184	0.153	0.022	0.030	0.045
自变量									
政治网络		0.315**		0.337**	0.199	0.342**	0.473**	0.378**	0.277*
技术网络		0.304**		0.223**	0.251**	0.238**	0.415**	0.414**	0.335**
商业网络		0.287**		0.306**	0.207**	0.186**	0.408**	0.396**	0.371**
中介变量									
创业认知能力			0.282*	0.214*					
机会获取能力			0.278*		0.213*				
运营管理能力			0.236*			0.179*			
模型统计量									
R^2	0.058	0.275	0.237	0.328	0.334	0.320	0.307	0.296	
Adjusted R^2	0.021	0.241	0.211	0.283	0.296	0.282	0.272	0.265	
F 统计值	1.835*	8.746***	7.038***	8.611***	8.591***	8.701***	9.433***	10.782***	11.361***

注：*** 表示显著性水平 $p<0.001$，** 表示显著性水平 $p<0.01$，* 表示显著性水平 $p<0.05$。

3.7 小结

(1) 理论贡献与实践启示

本章的理论贡献主要体现在以下三个方面：

第一，本章承袭SCP的经典研究范式，构建出"创新链内多重网络—创业能力—创业绩效"的概念模型，将创新链理论与创业理论成功地融合在一个简明的框架之中，丰富了创业能力和创业绩效研究内容，同时更明晰地对创新链通过创业能力这一中介变量来影响新创企业绩效的作用机理进行了诠释，为今后有关创新链实际运作机制的探讨奠定了较好的理论基础。

第二，在将创新链解构为政治网络、技术网络和商业网络的基础之上，量化分析了上述三种网络对创业绩效影响程度的差异水平，以及三种网络分别对创业认知能力、机会获取能力和运营管理能力影响程度的差异水平。这一发现从创新链的角度，对核心企业嵌入外部网络所带来资源禀赋促进创业行为问题的研究进行了重要拓展。

第三，以创业能力为中介变量，打开了创新链影响创业绩效机理的"黑箱"。研究结果发现，政治网络对创业绩效的作用被机会获取能力完全中介，技术网络对创业绩效的作用分别被创业认知、机会获取和运营管理三种能力部分中介，商业网络对创业绩效的作用分别被机会获取和运营管理两种能力部分中介。这一理论发现能够更加透彻地解析创业能力各组成维度在创新链与创业绩效中间所起中介作用的差异情况，有效地为创新链与创业管理间的交叉融合研究提供了一种可行的范式。

本章的实践启示主要体现在以下三个方面：

第一，创新链内多重网络对创业绩效均会产生正向作用，因此新创企业必须同时关注其自身在政治网络、技术网络和商业网络中的嵌入情况，尽量避免在某种网络中的"过度嵌入"，而应当积极谋求自身在上述三种网络中的嵌入水平的平衡，并力争促进三种网络间的资源互动和互补。另外，对于新创企业而言，依托政治网络来熟悉创业优惠政策、了解产业发展导向、明确投融资信息等行为对创业绩效提升的作用值得重点关注。

第二，新创企业创业能力的提升也会受到创新链内多重网络的影响，但是对于创业能力的不同维度而言，其受到创新链内不同网络类型的影响程度存在差异，因此新创企业的管理者可以有针对性地强化在某种网络中的嵌入水平来提升不同维度的创业能力。具体而言,政治网络中嵌入水平的提升能够较高地提升新创企业的创业认知能力,技术网络中嵌入水平的提升能够较高地提升新创企业的机会获取能力,商业网络中嵌入水平的提升能够较高地提升新创企业的运营管理能力。

第三,创新链对创业绩效的作用受到了创业能力各维度的不同中介作用。因此对于新创企业而言,要确保自身创业绩效得到显著提升,其创业能力体系的完善以及提升就显得不可或缺。在创业能力体系之中,机会获取能力是政治网络影响创业绩效唯一的中介路径,而政治网络对创业绩效的正向影响效应相对较大,因此新创企业就应当相对更加关注自身机会获取能力的提升。同时为了有效发挥技术网络和商业网络对创业绩效的作用,新创企业也不可忽视创业认知能力和运营管理能力的培育和完善,防止出现创业能力体系中的"短板效应"。

(2)研究局限与未来展望

虽然本章提出了一些粗浅的理论见解,对新创企业的实践行为也给出了一些可行的建议;但是囿于研究条件,本章依然存在一些不足之处,需要在后续的研究过程中进行补充和完善,主要体现在如下四个方面:

第一,本章主要是借助于横截面数据,探讨创新链内多重网络、创业能力和创业绩效三者之间关系以及各维度之间关联的差异性。但是创业能力和创业绩效均处于动态的演化历程之中,而且创新链亦是不断进化和变动的,如果不导入动态分析的思路,则很难揭示出创新链内多重网络、创业能力和创业绩效间关系路径演化的整体特征。因此我们在后续的研究进程中拟采用动态跟踪的研究方法,收集三轮以上的截面数据,对创新链内多重网络、创业能力和创业绩效间动态进化的过程进行对比分析,这也同时有助于消除同源方差问题与社会称许性的不利影响。

第二,本章将创新链解构为三类网络结构,将创业能力解析为三个维度,分别探讨它们对创业绩效的影响,以及二者之间的关联,这就不可避免地忽视了创新链三类网络对创业能力和创业绩效的影响可能存在交互效应,创业能力三个维度对创业绩效的影响可能存在互补效应的可能。因此我们在后续的研究进程中拟选取更多的样本数量,对上述变量中间的交互和互补效应进行检验,以期对本章理论框架中各变量间的关系进行细化和完善。

第三,本章调研问卷中各变量的测量均是借鉴国内外比较成熟的量表,并根据本章的具体情况进行了修改;同时还依托一定的样本数量进行了信度和效度检验,但是仍然可能存在变量测量方法难以满足本章目标的可能，比如创业能力的维度划分就可能存在改进和调适的空间，创业绩效可以细化为获利型和成长型指标等亚类。因此我们在后续的研究进程中拟借鉴较新的理论观点，进行更为细致的实地访谈，采用扎根理论的方法对上述变量的测量方式进行进一步的完善，以合理拓展其内涵和外延。

第四，囿于资源和条件，本章调研问卷的发放范围集中于湖南、湖北和广东三个省份，所涵盖的行业类型也较为有限，尽管抽样样本具有相当程度的母体代表性，但是依然会影响到本章成果的适用范围。因此我们在后续的研究进程中拟努力扩大调研问卷来源的地理分布范围以及新创企业的所属行业类别，以此保证实证分析样本的随机性与代表性，进而有效拓展相关研究结论的普适性。

4. 创新链的运作机制——知识转移粘滞视角

4.1 引言

战略性新兴产业的培育、发展与升级的过程，必定是一个包括区域竞争力孕育、物流支持网络构建、技术创新平台建设、先进营销系统完善、人力资源体系保障、投融资服务优化等多方面因素支持的综合性系统工程。

根据产业经济学的理念，区域竞争力的孕育离不开产业集群的发展理念，产业集群化高效发展的首要因素就是技术创新平台的构建，而技术创新平台的形成直接依赖于创新链网络绩效的提升。由此可知，集群化发展中创新链网络的绩效提升必将成为战略性新兴产业集群化发展模式培育、发展与升级至关重要的先决条件。

目前国内外学术界纷纷展开了对产业集群化发展情境下创新链网络的相关研究，不同的学者选取了不同的研究视角。在综合和梳理国内外相关研究成果的基础上，我们可以发现，对于产业集群化发展情境下创新链网络的研究持续时间相对较短，虽然相关的理论成果和实践思路数量较为丰富，却显得缺乏针对性，研究成果多散见于各个学科领域文献中；并且由于战略性新兴产业本就属于较新的概念，以战略性新兴产业作为研究“内核”的相关成果就显得更为少见。

毋庸置疑，知识经济时代使得知识成为社会发展最重要的资源要素，以知识为主体的竞争也必将成为战略性新兴产业集群化发展的关键之处。在战略性新兴产业集群创新链的形成和运作过程中，各节点企业在业务合作的同时也进行着知识创新网络的构建，形成一个包含信息流、资金流、物流和知识流的集群创新链网络结构，以聚集更多的知识源、形成更大的知识内核来促进集群创新链中的知识创新。

但是由于知识本身的固有属性、节点企业间能力差别、相互信任和战略考虑、节点企业间知识转移的渠道和范式不同等因素的存在，使得集群创新链中非严格保密的关键知识在获取、转移和运用过程中均存在着粘滞性。知识转移粘滞现象的存在,降低了战略性新兴产业集群创新链的灵活性与整合程度,损害了节点企业间的沟通与合作,造成整个集群创新链缺乏动态竞争力。因此,从知识转移粘滞视角上对战略性新兴产业集群化发展创新链支持网络绩效的提升进行探讨具有理论的前瞻性和实践的可执行性。

综上所述,本章引入"知识转移粘滞"作为研究视角,选取了衡阳市文化创意产业集群化发展历程为样本,以蚁群算法为工具对战略性新兴产业集群创新链网络的绩效提升进行实证研究,从而对战略性新兴产业集群化发展中创新链网络绩效提升的途径进行一些初步的探讨。

4.2 知识转移粘滞的评价指标体系

在战略性新兴产业集群创新链的运作中,知识转移是由知识发送方释放知识,经过一定的媒介移动到知识接收方,并被接收方解读、理解、学习和应用的过程,而粘滞知识就是指难以获取、转移和应用的知识。结合这两个构想可以看出,知识转移粘滞是指知识在创新链网络不同的节点企业之间难以被移动的现象,包括由于知识本身粘滞性所造成的知识转移困难、由于转移过程的外界环境以及转移双方主体自身原因所造成的转移困难。

根据上文对知识转移粘滞的诠释并结合集群创新链网络的特点,我们对战略性新兴产业集群化发展中创新链网络知识转移粘滞评价因素进行了相应的整理和分类,一共归纳出 8 个一级指标、61 个二级指标;然后选择高等院校教授、科研院所研究员、管理咨询公司咨询师、国有企业经营者、民营企业业主、外资企业经理等各类专家学者共 27 人,采用模糊 Delphi 法对前面所甄选出的 8 个一级指标和 61 个二级指标进行意见集成,并据此确定上述评价指标的相对权重,在此基础上删除了部分评价指标,得出了包含 5 个一级指标,33 个二级指标的评价指标体系;最后根据探索性案例分析的原理,选择了其中的两个战略性新兴产业的集群创新链支持网络进行问卷发放和实地调查,在这些实践数据分析的基础上,确定了包含 4 个一级指标、16 个二级指标的评价指标体系。其具体内容总结如下:

(1)创新链网络中知识本身的粘滞因素 A_1

创新链网络中节点企业间所转移知识的属性是造成知识转移粘滞的

固有因素，这些属性主要表现为如下四个方面：知识隐含性 A_{11}，是指创新链网络中所转移知识深深根植于节点企业员工内部，难以用显见和编码的方式进行交流和共享，只能通过较为长期的接触和体会去感知其内涵；情境根植性 A_{12}，是指创新链网络中知识发送方所转移的知识来源于其内部运营的某种特定情境，而知识接收方因为无法创造出相同的情境而不能凸现该知识的真正含义，情境根植性因素有时可能会造成创新链中知识转移"极度粘滞"现象的出现；知识可分解性 A_{13}，是指创新链网络中所转移知识能够以编码和分类的方式保存于企业内部文档资料库的程度高低，知识越是能够加以编码存储则越能够克服知识转移粘滞现象的出现；转移路径固定性 A_{14}，表示创新链网络中节点企业间知识转移具体方式的固定性，节点企业所转移知识越是基于对历史经验加以累积、保存和转移，则产生知识转移粘滞的可能性就越小。

(2)创新链网络中知识发送方的粘滞因素 A_2

在创新链网络的知识转移过程中，知识发送一方的能力与意愿等因素对知识转移效果影响很大，甚至具有决定性影响。这些因素主要包括：知识转移意向 A_{21}，也即转移方企业将自身知识转移到其他组织的主观意向程度，这种意向程度越高则产生知识转移粘滞的可能性越小；知识保护意识 A_{22}，也即转移方企业对其所转移知识进行保留和修正的意向程度，这种意向程度越高则产生知识转移粘滞的可能性越大；知识转移模式 A_{23}，也即转移方企业将知识转移给企业组织的不同模式，这种模式越适合知识接收企业特征则产生知识转移粘滞的可能性越小；知识转移能力 A_{24}，也即转移方企业将自身知识进行转移的能力高低，这种能力越高则产生知识转移粘滞的可能性越小。

(3)创新链网络中知识接收方的粘滞因素 A_3

在创新链网络的知识转移过程中，知识接收一方往往处于知识弱势。一般而言，接收者接收知识的意愿会较高，因而其接收能力高低就成了影响创新链网络中知识转移粘滞的关键。一般而言，接收一方能力的影响因素主要包括：知识吸收意识 A_{31}，也即接收方企业员工或群体吸收知识的意识强弱，该因素是影响知识转移粘滞的基础性要素；知识吸收能力 A_{32}，该因素程度高低是产生知识粘滞的直接影响因素；而知识解码能力 A_{33} 和知识挖掘能力 A_{34}，这两个因素则是规避知识粘滞现象的辅助性要素。

(4)创新链网络知识转移过程的结构粘滞因素 A_4

在创新链网络节点企业间进行知识转移的过程中，主体差异性 A_{41}、关系紧密性 A_{42}、知识转移频度 A_{43}、外部环境因素 A_{44} 均可能导致知识转移粘滞现象的出现。其中 A_{41} 表示发送方和接收方之间在管理制度、企业文化、空间距离和知识发展水平上的差异程度，差异性越高，则知识转移粘滞产生的可能性越高；A_{42} 表示创新链网络中企业间关系紧密性以及业务合作范围的广泛性，其紧密性和广泛性有利于组织间知识转移，将降低知识转移粘滞产生的可能性；A_{43} 表示创新链网络的节点企业间知识转移频率，频率高低会直接影响知识转移的效率，一般而言，知识转移的次数越频繁则产生知识转移粘滞的可能性会相应降低；A_{44} 表示创新链网络外部环境因素的波动性，其波动性可能对节点企业内部运营、合作规则等知识转移条件等产生影响，严重的环境波动甚至会导致创新链网络关系的破裂。

从上面的分析可以看出，战略性新兴产业集群化发展中创新链网络知识转移粘滞主要包括知识本身的粘滞、知识发送方粘滞、知识接收方粘滞和知识转移过程的结构粘滞四个维度，它们从不同的方面增加了知识转移的困难，增加了知识转移成本，影响了创新链网络绩效提升的效率和效果。

4.3 创新链网络绩效提升途径

从前文所设计得出的创新链网络知识转移粘滞评价指标体系可以看出，知识本身的粘滞、知识发送方粘滞、知识接收方粘滞和知识转移过程的结构粘滞等四个方面因素均会影响到创新链网络中知识的有效转移，并进而阻碍战略性新兴产业集群化发展中创新链网络绩效的提升。

为保证战略性新兴产业创新链网络绩效的持续提升，我们必须对其中的知识转移粘滞现象进行控制。然而从上文的理论推演结果可以看出，上述知识转移粘滞影响因素的复杂性均较高，即使我们按照评价指标体系和模糊层次分析方法对这些因素进行了精炼和量化，也还需要引入一个较为清晰的创新链网络绩效的提升途经。

据此我们引入图论这一数学工具，采用图形解析的方法表示创新链网络知识转移的内部结构，进而探讨对创新链网络中知识转移粘滞进行控制从而提升其运作绩效的思路。图论是把事物及其他们之间关系用图描述出来的一种直观数学模型，属于复杂网络精确数学处理的自然框架，我们可以用图来表示复杂网络的形式，适用于任何可以描述为网络的系统。

图论中的有向图描述了顶点传播的方向，加权图描述了顶点传播的权重大小，因而结合二者即可对创新链中各节点企业的状态和相互间的知识转移状况进行图形解析，从而能够对创新链网络中知识转移粘滞的现状进行解析，并最终讨论得出创新链网络中知识转移粘滞现象的控制原理。其具体研究思路为：

第一，将创新链网络中各个节点企业分别抽象为图论中的顶点，以有向图中的边表示创新链中各个节点企业之间是否存在知识转移粘滞现象，以加权图中边的权重表示创新链中各个节点企业间知识转移粘滞的程度高低，即建符合实际情况的创新链网络知识转移粘滞赋权图模型 $D=\langle V, R, E\rangle$，式中 V 为创新链中所有节点企业的集合，R 为创新链中各节点企业之间的知识转移粘滞的关系集合，E 为赋权图中边的集合，图中每一条边 e 都根据创新链中各节点企业间知识转移粘滞的程度高低被赋予一定的权值 $w_{i,j}$。

第二，对于满足："$V(H)=V(D)$""$E(H)\subset E(D)$""经过每个顶点一次且仅有一次"三个条件的有向道路 H，即可称为创新链网络中粘滞知识赋权图的崩溃路径。根据图论的相关理论，崩溃路径 H 的权值为路径中经历所有的边的权值乘积，因此所有崩溃路径 H 中权值最大者 H_{max} 即为创新链网络中知识转移粘滞现象发生的最可能路径。根据知识转移粘滞问题的特征，我们应当首先计算得出 H_{max}，并进而针对该分析结果，从知识转移粘滞发生的源头企业进行前馈控制；或者在该路径上监测创新链中知识转移粘滞的状态并进行现场控制。

4.4 实证方法简介

从创新链网络知识转移粘滞赋权图中各种可能的崩溃路径中确定 H_{max} 是一类特殊的旅行商问题(TSP：Traveling Salesman Problem)，属于组合优化问题的研究范畴。由于我们所面对的创新链网络中含有节点企业的数目可能较多，无法利用简单的穷举法进行运算，因此我们引入蚁群算法进行求解。

蚁群算法是 20 世纪 90 年代由意大利的 M. Dorigo 等学者受对真实蚁群行为研究的启发而提出的。其计算原理是：首先生成一定数量的人工蚂蚁蚁群，并为每一只人工蚂蚁建立一个解或解的一部分。每只人工蚂蚁从问题的初始状态出发，根据信息素的浓度，选择下一个要转移到的状态，直到建立起一个解。每只蚂蚁根据所找到的解的好坏程度，在所经过的状态上释放与解的质量成正比的信息素。

目前具代表性的蚁群算法为：设有 m 只蚂蚁分布在 n 个顶点上，则蚂

蚁 k 从顶点 i 转移到顶点 j 的概率为：$p_k(i,j)=\begin{cases}\dfrac{\tau_{i,j}^{\alpha}\eta_{i,j}^{\beta}}{\sum\limits_{l\in J_k(i)}\tau_{i,j}^{\alpha}\eta_{i,l}^{\beta}}, j\in J_k(i)\\ 0, otherwise\end{cases}$，其中 $\tau_{i,j}$ 表示顶点 i 和顶点 j 之间的信息素，可以取一个常数为初始值；$\eta_{i,j}$ 取赋权图的权值 $w_{i,j}$ 表示；$J_k(i)$ 是允许蚂蚁 k 选择的顶点集，而禁忌集 $tabu_k$ $(k\notin 1,2,\cdots,m)$ 来记录蚂蚁 k 目前已经经过的顶点；$\alpha>\beta>0$ 表征信息素与 $\eta_{i,j}$ 对权值 $w_{i,j}$ 的重要关系。状态转移规则为：$j=\begin{cases}\arg\max\limits_{j\in J_K(i)}\tau_{i,j}^{\alpha}\cdot w_{i,j}^{\beta}, q<q_0\\ J, otherwise\end{cases}$，$J$ 的取值将由蚂蚁 k 从顶点 i 转移到 j 的概率决定。设参数 $(1-\rho)$ 表示信息素消逝度，则信息素含量的更新规则为：$\tau_{i,j}\leftarrow(1-\rho)\cdot\tau_{i,j}+\rho\cdot\Delta\tau_{i,j}$，其中 $\Delta\tau_{i,j}=\gamma\cdot\max\limits_{l\in J_k(i)}\tau(i,l), 0\leqslant\gamma<1$。完成一次对所有顶点的访问后，赋权图中所有边信息素的更新规则为：$\tau_{i,j}\leftarrow(1-\rho)\cdot\tau_{i,j}+\rho\cdot\prod\limits_{k=1}^{m}\Delta\tau_{i,j}^{k}$，其中 $\Delta\tau_{i,j}^{k}=\begin{cases}w_{i,j}, (i,j)\in H_m\\ 0, otherwise\end{cases}$，如果蚂蚁 k 遍历所有顶点，则称 k 满足可行解；另外如果迭代过程到达预先设置的终止时间 T 或无退化行为即找到的都是相同解，则迭代过程结束，输出计算结果。

4.5 实例分析

我们将上文所介绍的求解 $H_{\max}$ 的蚁群算法设计应用到一个具体的战略性新兴产业集群化发展的创新链网络（简称创新链网络 A，包含 5 个节点企业 Ⅰ，Ⅱ，Ⅲ，Ⅳ，Ⅴ）中，以对创新链网络中知识转移粘滞现状的框架结构和控制范式进行实证分析，并进而探讨知识转移粘滞视角下创新链网络绩效提升的可行性模式。其具体分析步骤为：

(1) 将创新链网络 A 中知识转移粘滞现象的框架结构抽象化为赋权图

对于创新链网络 A 而言，将其内部 5 个节点企业间知识转移粘滞的状况抽象为创新链中心网络知识转移粘滞赋权图表示于如图 4-1 中。

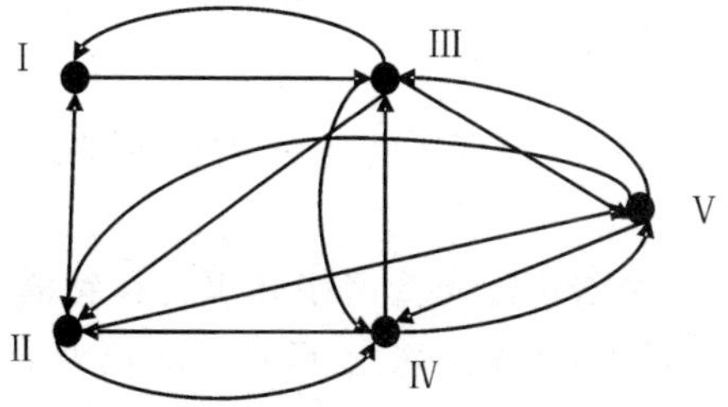

图 4-1　创新链网络 A 的知识转移粘滞赋权图模型

(2)确定创新链网络 A 知识转移粘滞赋权图中各条边的权值

根据前文所设计得出的创新链网络中知识转移粘滞评价指标体系以及蚁群算法,结合创新链网络 A 的实际情况确定得出知识转移粘滞赋权图中各条边的权值 $w_{i,j}$,并将所有权值 $w_{i,j}$,i,j = (1,2,3,4,5) 组成一个邻接矩阵。

(3)程序运行的参数值确定、运算结果输出及讨论

取参数值蚂蚁个数 $m=10$,$\alpha=1$,$\beta=1$,$\gamma=0.5$,应用蚁群算法,经过迭代运算得到创新链网络 A 知识转移粘滞赋权图的最大崩溃路径为 $H_{\max}=$ Ⅳ → Ⅰ → Ⅲ → Ⅴ → Ⅱ 。

从蚁群算法求出的 $H_{\max}$ 可以看出,创新链网络 A 中的节点企业 I 最有可能成为创新链支持网络中知识转移粘滞现象发生的源头企业。因此需要对其进行重点监控从而实施前馈控制,只有改善了节点企业 I 的知识转移效率,才能在源头上保证创新链网络绩效的提升;创新链网络中 Ⅳ → Ⅰ → Ⅲ → Ⅴ → Ⅱ 是知识转移粘滞现象最可能的发生途经,因此可以按照该顺序对创新链网络 A 中知识转移粘滞的状态进行实时监测和现场控制,从而保证创新链网络 A 在运转中的绩效提升。

4.6　小结

根据前文的分析过程,我们可以得出如下基本结论:

图论为图形解析工具,可以将战略性新兴产业集群创新链网络中知识转移粘滞状况用赋权图的形式进行表示,进而借助蚁群算法仿真可以确定得出该创新链网络中知识转移粘滞现象发生的最可能路径,进而我们可以考虑通过对知识转移粘滞现象的控制来有效提升创新链网络的绩效。在"知识转移粘滞"的研究视角下,我们可以考虑从知识转移粘滞发生的源头

企业进行前馈控制,或者在该路径上监测创新链中知识转移粘滞的状态并进行现场控制。

综观本章的研究过程,可以看出本章的研究缺陷和未来可能的改进方向:

本章所归纳得出的创新链支持网络知识转移粘滞评价指标体系可能不够全面和完善,知识转移粘滞赋权图形式不能较为全面地概括创新链网络中知识转移粘滞现象的整体状况。针对这些研究缺陷,我们预备在今后的研究过程中通过文献综述、探索性案例分析和企业深度访谈等形式去开发更为全面的创新链网络知识转移粘滞评价指标体系,通过软件仿真和社会网络分析等方法对创新链网络知识转移粘滞赋权图进行修订和完善。

5. 创新链能力的评价模式
——产业集群视角

5.1 引言

随着全球经济融合趋势的增强，企业组织间的业务合作日益广泛，目前"企业间的竞争"已逐步为"企业网络群体间的竞争"所取代。作为企业网络群体形式的一种，产业集群中成员企业间的合作愈加紧密，这种精细化的发展趋势使得运作在一个更为稳定环境中的产业集群更加敏捷，同时也促进了产业集群内创新链能力的提升和完善。产业集群内创新链以产业集群复杂网络为载体，其内部节点企业间的交互关系密切而又复杂。借助前人对系统稳定性的研究成果，本章认为产业集群内创新链能力与稳定性二者间的关系如图 5-1 所示。

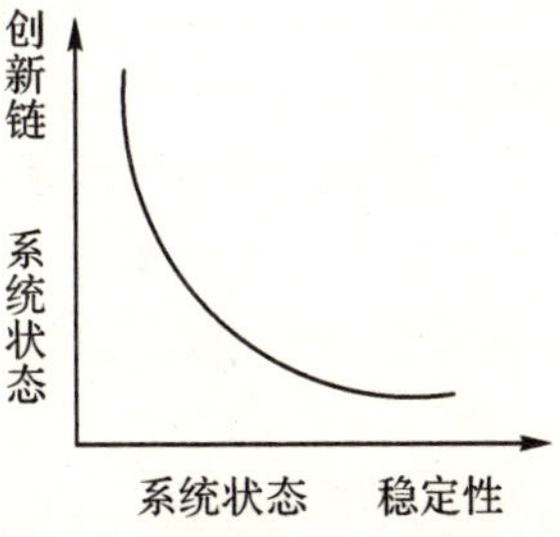

图 5-1　产业集群内创新链两种系统状态关系示意图

产业集群内创新链的典型特征可以简单归纳为：第一，内生性和隐蔽性：产业集群创新链的潜在结构性缺陷根植于产业集群内部而非外界环境，且其影响存在时滞性；第二，动态性和持续性：产业集群主体的进化和外部环境的动态影响使得产业集群内创新链的协同特征始终处于变化之中；第三，周期性和情境依赖性：产业集群内创新链在正常运作、出现冲突、风险产生、危机爆发等不同情境中会体现出迥异的特征；第四，作用机制的非线性：产业集群内创新链的变化具备明显的质变触发点特性，这就导致产业集群内创新链对主体的影响出现非线性函数关系。

尽管目前许多研究者都努力探讨产业集群内创新链的相关问题，但是该领域的相关研究成果还是显得较为零散。缺少相关研究成果的主要原因在于难以对产业集群内创新链进行合理的度量，因此构建出科学的产业集群内创新链测度模型和设计出可行的测度方法是关键所在。

综上所述，本章将首先构建出产业集群内创新链测度的理论模型，通过问卷调研和数理统计的方法验证和修订模型；然后根据复杂自适应系统理论，设计出产业集群内创新链的测度方法；接着以网络层次分析法为工具，并根据经过修订的测度模型所推演出的评价网络结构模型，来探讨产业集群内部各节点间创新行为关联程度的赋值方法；最后结合一个实例分析，说明产业集群中各节点及产业集群整体创新链测度的求解过程。

5.2 创新链能力测度模型构建

产业集群是由节点企业及其相互间关系所构成的一种选择性的、持久性的和构造性的网络性群体，这些节点企业所形成的网络结构特征决定了产业集群内创新链的经营范围和运作绩效。社会网络分析理论是研究行动者彼此间的关系结构，以描述嵌入在网络中的行动者的行为和刻画网络整体特征。根据其相关理论，常用描述网络结构属性的变量可以归纳为个体集中性、网络中心性、关系强度、度分布、网络密度、网络规模、网络位差、联结强度、网络内容、网络角色等。既然产业集群内创新链架构属于企业网络群体形式的一种，那么其测度变量的甄选也应当可以采用社会网络分析的方法。

(1)创新链能力的理论模型与关系假设

我们借助社会网络分析方法并结合文献综述，归纳出产业集群内创新链描述的五个测度变量，并根据这些研究指标，设计出产业集群内创新链能力的理论模型如图 5-2 所示。

图 5-2 中的箭头表示直接作用的方向。在模型整体结构上，集群创新链能力是因变量，中心强度、网络丰度和节点异质性为自变量，联结频度和关系质量同时为自变量和中介变量。

各测度变量的定义简单归纳如下：①中心强度：产业集群孕育过程中发起企业或者经营过程中盟主企业的综合实力；②网络丰度：产业集群形

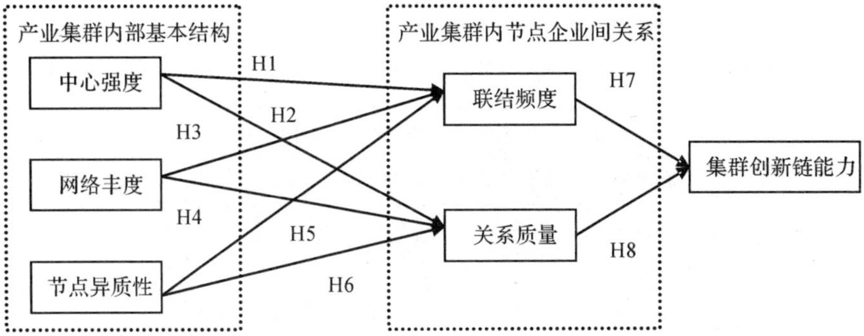

图 5-2　产业集群内创新链能力测度理论模型图

成和运作过程中，网络群体中所含有成员企业个体的相对数量大小；③节点异质性：产业集群中节点企业的差异性（主要包括综合实力差异以及契合关系的差异程度等）；④联结频度：产业集群中成员企业间进行业务联络的频率；⑤关系质量：产业集群中企业个体间联系纽带运作的准确率和成功率。

该研究模型中各假设为：

H1：中心强度对联结频度有显著的正面影响。

H2：中心强度对关系质量有显著的正面影响。

H3：网络丰度对联结频度有显著的负面影响。

H4：网络丰度对关系质量有显著的负面影响。

H5：节点异质性对联结频度有显著的正面影响。

H6：节点异质性对关系质量有显著的正面影响。

H7：联结频度对集群创新链能力有显著的负面影响。

H8：关系质量对集群创新链能力有显著的负面影响。

(2)创新链能力测度变量的测量条款设计

我们根据文献梳理的结果设计了访谈提纲，选择样本产业集群中的企业进行深度访谈。访谈提纲为：(1)您认为企业声誉是否会对外包策略成功与否产生重要影响？(2)您认为阻碍企业间进行业务外包合作的重要因素有哪些？(3)您认为选定承接集群内外包业务的企业时最需要考虑的因素包括哪些？(4)您认为承接集群内核心企业外包业务的企业数量该如何确定？(5)您认为产业集群内核心企业与这些合作伙伴间的联系频率和联系方式该如何确定？我们结合企业访谈和文献综述完成了测量条款设计，具体内容如表 5-1 所示。

表 5-1 产业集群内创新链能力的具体测量条款

测度变量	编号	基本测度变量的测量条款	参考文献来源
中心强度	A1	同行业内多数公司都知道集群内核心企业的名字	Martin，本章深度访谈结果
	A2	集群内核心企业会尽量进行外包运营	
	A3	相对而言，集群内核心企业所拥有的网络关系更稳固	
	A4	集群内成员公司与核心企业进行合作的愿望强烈	
	A5	核心企业能获得集群内成员公司难以获得的资源	
	A6	近三年来集群内核心企业技术更新的步伐迅速	
	A7	近三年来集群内核心企业产品结构保持稳步更新	
网络丰度	B1	承接集群内核心企业外包业务的上游企业更多	Carson，D.，et al.，本章深度访谈结果
	B2	承接集群内核心企业外包业务的下游企业更多	
	B3	承接集群内核心企业外包业务的其他企业更多	
节点异质性	C1	集群内外包业务承接者与核心企业合作年限接近	Renzulli，Aldrich&Moody，Mazzola&Bruni，本章深度访谈结果
	C2	集群内外包业务承接者所承接业务比例接近	
	C3	集群内外包业务承接者的年均营业收入接近	
	C4	集群内外包业务承接者的企业员工人数接近	
联结频度	D1	核心企业将业务外包给集群内上游企业的次数更频繁	Feser&Bergman，本章深度访谈结果
	D2	核心企业将业务外包给集群内下游企业的次数更频繁	
	D3	核心企业将业务外包给集群内其他企业的次数更频繁	
关系质量	E1	外包业务合作双方都避免提出有损于对方利益的要求	A. Walter et al.，本章深度访谈结果
	E2	即使有机会，外包业务合作双方也不会利用对方	
	E3	外包业务合作双方经常会怀疑对方所提供信息的准确性	
	E4	外包业务合作双方能够交换关键性经营信息	

续 表

测度变量	编号	基本测度变量的测量条款	参考文献来源
关系质量	E5	信息在外包业务合作双方间传递时能保持完整与快捷	
	E6	外包业务合作双方对伙伴的专业性经营能力有信心	
	E7	外包业务合作双方通常能够履行诺言	
	E8	外包业务合作双方企业间关系结构比较稳定，很少更换	

(3)问卷调研

本问卷总体设计是基于李克特5级量表法进行设计的。在产业集群内创新链网络的构建过程中，本着尽可能反映整体网络结构的思路，我们在样本选择上遵循分层等比抽取、代表性与随机性相结合的方式，自上而下由核心企业开始，根据产业集群所处行业结构，采用等比抽取的方式选取产业集群中的核心企业、中等规模企业、小型企业及作坊企业。同时为了保证研究的代表性，取样过程中均保留了各产业集群内创新链网络中的最大核心企业。

本次问卷调研主要通过委托经济开发区管委会代为发放、在管理咨询工作中进行问卷发放、通过企业中供职的人脉关系发放、通过参加不同行业产品博览会进行发放等四种方法。问卷回收后，我们严格按照“问卷填写人为高级管理者，且测度变量题项填写完整”这一标准剔除了部分无效问卷，并结合产业集群企业网络构建的原则，按照所得调研问卷企业所属产业集群及其在集群中的嵌入性强弱进行等分比例置放，最终形成了实证分析的176份样本。

(4)数据分析

以SPSS17.0软件为数据分析工具，结合量表内部一致性(*Cronbach's α*系数)、共同性萃取值、因素负荷量三个检验指标，对25个题项进行同质性检验，计算结果显示A6、A7、B3、D3、E3、E6、E8等7个测量条款应当被删除，剩下的测量条款均按预期模式加载到相应的因子(测度模型中自变量)上，萃取出的5个因子共可以解释91.005%的变异量。

经过同质性检验后量表中18个题项的内部一致性*Cronbach's α*系数值为0.936，KMO值大于0.7，Bartlett球状检验的显著性水平为0.000，均达到规定的检验标准,这表明各测度变量之间的相关程度无太大差异,同时提示本量表具备较高的信度水平。

本章的测量模型采用 AMOS 程序计算,并采用文献所推荐的拟合与检验标准。所有题项的因子负荷均大于 0.5,且 t 值具统计显著性($t>5$),说明各因子具有良好的收敛效度。

本章鉴别效度的测算方法是比较限制性因子模型和非限制性因子模型的 x^2 差。分析结果显示,所有 x^2 差均呈统计显著性($p<0.01$),表示各因子具有很好的鉴别效度。中心强度因子的 alpha 值分析结果为 0.7184,网络丰度因子是 0.8276,节点异质性因子是 0.7552,联结频度因子是 0.8843,关系质量因子是 0.8107;说明各因子的可信度分析结果均比较满意。

本章对图 5-2 中的理论假设进行结构方程模型(SEM)分析。SEM 可以克服传统方法没有将测量误差和变量之间的关系同时考虑的缺陷,并能结合验证性因子模型和潜变量因果模型分析。分析结果表明,H1、H2、H3、H6、H7、H8 得到支持,成立;H4、H5 没有得到支持,不成立。

5.3 创新链能力测度方法设计

根据复杂自适应系统理论,创新链网络的整体创新能力取决于网络上各节点的创新链及其相互间的创新行为关联。给定有向的产业集群复杂自适应网络 G=(V,E),其中,节点 $i \in N, i=1,2,\cdots,m$(代表产业集群内部各个节点企业或者子系统,比如供应商、制造商、分销商等);有向边 $A_{i,j} \in E, E=N\times N, i,j=1,2\cdots m$(表示产业集群内部各个节点企业或者子系统间的关联)。

从前文分析的结论可知,反映节点间创新行为关联的变量(联结频度和关系质量)对产业集群内创新链能力存在直接影响,可以用直接影响程度矩阵 $M=(M_{ij})$ 来表示;而反映节点间创新行为关联的变量(中心强度、网络丰度和节点异质性)对产业集群内创新链能力存在间接影响,可以通过直接影响程度矩阵 M 来估计,其计算模型为 $A=A_\tau=\frac{1}{\tau}\sum_{k=1}^{\infty}\frac{\tau^k M^k}{k!}=\frac{1}{\tau}[\exp(\tau M)-I]$(公式 1),其中 A 为实际影响矩阵,τ 表示演算步长,I 为单位矩阵。

根据复杂自适应网络的创新链结构模型,在既定的扰动向量 X 下,计算出产业集群内各节点的潜在影响值(响应向量)为 $Y=(\tau A+I)X$(公式 2);接着引入衡量创新行为重要程度的权重向量 w,用一个指标 F 来衡量

节点 v 创新行为状态为 $F_v=\sum_{i=1}^{k}(w_iY_i^2)=\sqrt{\sum_{i=1}^{k}(w_iY_i^2)}$（公式 3）；最后对 F_v 进行归一化处理：$F'_v=\dfrac{F_v}{\sum_{v=1}^{k}F_v}$（公式 4），计算熵值以度量产业集群内整体创新链网络能力为 $H(S)=\sum_{v=1}^{k}F'_v\log F'_v$（公式 5），（$\sum_{v=1}^{k}F'_v=1$）。

5.4 创新链中节点关联程度赋值

前文产业集群内创新链测度方法中所涉及直接影响程度矩阵 M、扰动向量 X 和权重向量 w 的数值均需在测度产业集群内创新链能力之前先行确定。为完成这项赋值工作，我们引入网络层次分析法，通过聘请专家评估和数据处理来完成赋值。

网络层次分析法利用"超矩阵"对各种相互影响的因素进行综合分析得出其混合权重。其分析步骤为：首先确定待分析目标的网络结构及各层次要素单排序权重，然后构建超矩阵并进行列归一化和稳定性处理，最后获得所需的各要素权重值。本章采用专家评估来确定要素单排序权重，利用 Super Decisions 软件完成超矩阵数据处理中的计算工作，而待分析目标网络结构就由前文所得的产业集群内创新链测度模型推演而出。其具体结构如图 5-3 所示：

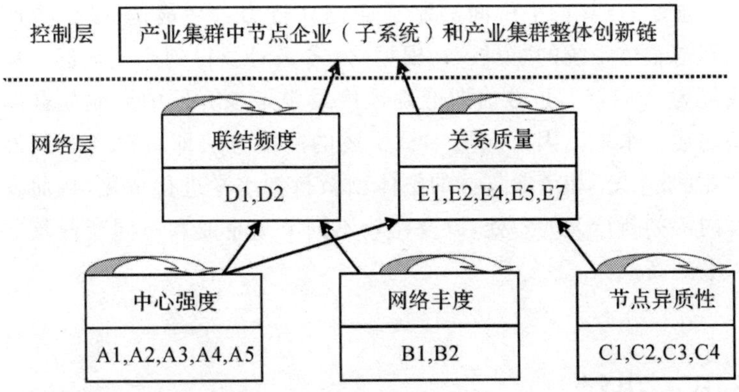

图 5-3 产业集群节点创新行为关联程度评价网络结构模型图

5.5 实例分析

为进一步说明上述测度方法的有效性，这里给出一个实例。为方便计算，我们将该算例中产业集群内部结构抽象为原材料供应商、中间品制造商、产成品制造商和产成品分销商四个子系统。直接影响矩阵 M 、扰动向量 X 和权重向量 w 的数值根据专家评估和软件计算来完成赋值。具体计算过程为：以原材料供应商子系统为例，根据（公式 1）计算出原材料供应商子系统中自变量的实际影响程度矩阵并加上中介变量的直接影响矩阵，从而得到产业集群整体创新链的实际影响程度矩阵以及赋值工作所得扰动向量，根据（公式 2）计算得出原材料供应商子系统的响应向量以及赋值工作所得创新行为因子权重向量，根据（公式 3）计算得到原材料供应商子系统的创新链能力赋值为 0.52087。

用同样方法计算其他子系统创新链并进行归一化处理（公式 4），结果列示于表 5-2 中。

表 5-2 产业集群中各子系统创新链原始数值及归一化数值

子系统名称	原材料供应商	中间品制造商	产成品制造商	产成品分销商
创新链原始数值	0.53491	0.68739	0.61734	0.67501
创新链归一化数值	0.2117	0.2823	0.2468	0.2685

数据显示，该算例中中间品制造商创新行为水平最低，是整个产业集群内创新链整体系统的"短板"。根据（公式 5）计算得到产业集群整体创新行为熵值为 0.61742，该数值即准确地度量出了该算例中产业集群内创新链网络的运作水平。因此应用本章所述的测度方法即可对产业集群中各节点企业（子系统）和产业集群的整体创新行为水平进行量化，从而发现产业集群内部创新行为的短处，以及比较不同节点企业和不同产业集群间创新链水平的高低。

5.6 小结

本章的基本结论：第一，中心强度、网络丰度和节点异质性作为自变量，而联结频度和关系质量同时为自变量和中介变量对产业集群内创新链具有显著的影响。第二，根据测度模型推演出的评价网络结构模型，可以为产业集群内创新链中各节点间关联程度赋值。第三，根据复杂自适应系统的相关理论可以计算得出产业集群内部各节点（子系统）的创新链及集群的整体创新链，从而对产业集群内部不同节点以及不同产业集群的创新链能力水平高低进行衡量。

本章的研究缺陷和未来可能的改进方向：第一，本章所设计的产业集群创新链测度变量及问卷测项的结构划分和内容设计还需进一步完善，我们今后将选择更多种类和数量产业集群中的企业进行调研和量化分析。第二，根据复杂自适应系统方法对产业集群创新链所进行测度结果的现实应用性还有待观察，今后我们将引入更多种类和数量的产业集群进行实例分析，从而提升产业集群创新链能力测度方法的精炼度和验证空间。

6. 创新链协同能力评价——产业互动视角

6.1 引言

战略性新兴产业以创新技术突破和未来市场需求为基础，是具有战略地位和深远影响的产业。作为保障我国经济持续增长的主要引擎之一，战略性新兴产业已经取得了巨大的发展业绩。然而在其产值迅速增长的同时，我国的战略性新兴产业依然在自给核心技术和自主知识产权等方面存在"短板效应"。因此积极提升其技术研发能力和技术应用效率，才是保证战略性新兴产业持续性成长的关键。

由于战略性新兴产业的技术研发和业务运作具有集成创新的特征，因而难以由单一的企业独立完成，需要内外部创新资源的联合创新和模块协同，这其中就必然离不开生产性服务业的支持作用。生产性服务业因其特有"高度专业化、产业关联度强、信息与知识密集"的产业属性，能够有效地提高制造行业生产过程的专业化水平并进而提升其经营绩效；这种趋势在以高端化和创新性为特征的战略性新兴产业中就表现得更为明显。同时战略性新兴产业的快速成长能够为生产性服务业提供巨大的发展机遇，进而优化生产性服务业结构和促进生产性服务的创新升级。

因此明确战略性新兴产业与生产性服务业的协同创新模式就具有了现实研究意义。本章将首先基于与战略性新兴产业的协同创新方式，对生产性服务业进行合理分类；然后基于演化博弈理论，对战略性新兴产业与生产性服务业的协同创新状况进行理论推演；最后引入复合系统协调度测度模型，在政产学研用协同运作的视角下，对目前战略性新兴产业与生产性服务业的协同创新状况进行实证分析。

6.2 文献综述与研究思路

(1)战略性新兴产业与生产性服务业协同创新置辩

目前关于战略性新兴产业与生产性服务业互动融合的文献较多,对于二者协同创新问题的研究还显得较为少见,当前主要的观点可以简单归纳如下:

产业创新发展的未来主流走向将是协同创新。协同创新才是解决生产性服务业发展滞后、制造业水平低下的有效途径。这一点在战略性新兴产业上体现得尤为明显,因为目前我国战略性新兴产业的创新效率还普遍较低,需要以协同创新的方式来开展研发工作。并且对于战略性新兴产业集群而言,多主体协同创新才是其良性发展的理想模式,这其中十分重要的协作主体就是生产性服务业。因为生产性服务业与制造业的协同效应最可能存在于产业创新层面上,二者协同创新的关键之处就在于将生产性服务业作为产业协同创新作用的关键节点。

按照新增长理论的观点,生产性服务业既是技术和知识创新的主体,同时也是外部市场和知识网络中创新外溢性表现得最为明显的环节。生产性服务业在其运作过程中不断进行着知识创新,其专业化知识的输出将直接促进制造行业的知识创新;同时生产性服务业还能够通过提供专业化的研发设计、风险投资、市场开发和物流保障等服务来提升战略性新兴产业的生产率。比如,科技金融产品和服务方式创新能够为战略性新兴产业的发展提供高质量的生产性服务;领先市场的构建能够为我国战略性新兴产业国际竞争力的获取提供有力支撑;通过专业知识输出的方式,生产性服务业可以帮助战略性新兴产业缩短技术创新周期,从而促进其技术创新效率水平的提高。因此如果没有高端生产性服务业的推动作用,战略性新兴产业就难以步入高端化的发展道路。

虽然关于战略性新兴产业与生产性服务业协同创新问题的研究业已取得了一些成果,但是依然存在着明显的不足之处,主要表现为:第一,理论分析思路还较多地集中于对二者协同创新必要性和意义的探讨,缺乏对二者协同创新具体模式的理论归纳;第二,将生产性服务业这一包含范围甚广的产业概念作为一个整体进行研究,难免会混淆不同类型生产性服务企业与战略性新兴产业协同创新的迥异方式;第三,研究成果主要是以定性分析为主,较为缺乏对我国战略性新兴产业与生产性服务业协同创新现状的定量研究。

(2)研究思路

根据上面文献综述的结论,本章将针对上述三个不足之处进行研究。具体思路和一些关键性的概念界定如下:

第一,所谓产业协同,指的是开放条件下不同产业子系统相互约束耦合,通过要素的动态博弈进程达到最优均衡配置的过程。而协同创新则是指复杂系统中各类创新要素通过非线性作用,产生单个要素无法实现的整体协同效应的过程。因此产业协同创新就必然会表现为不同产业子系统中创新资源动态博弈的非线性作用过程。据此本章将借鉴演化博弈论的方法对战略性新兴产业与生产性服务业协同创新的具体模式进行理论推演。

第二,从产业协同的方式来看,生产性服务业对制造企业动态创新能力的影响机理主要体现在两个截然不同的方面:一是通过促使制造企业进行专业化生产,来缩短制造企业的创新周期,实现创新成果的即时转化;二是承包制造企业的部分生产环节,来降低制造企业的技术创新应用成本,实现制造企业创新成本的降低。可以看出,前者主要是通过自身专业知识的"溢出"或者参与制造企业的研发过程来实现协同创新,而后者主要是基于自身创新所致的专业性服务能力高效完成所承接制造企业的服务外包来实现协同创新。为方便下文的研究,此处我们将前者称为创造型生产性服务业,而后者称为保障型生产性服务业;前者的协同创新过程称为研发创新,后者称为外包创新。

第三,生产性服务业与制造业协同创新是生产性服务业、制造业与系统环境三个子系统之间通过非线性相互作用来实现整体创新效应的过程,因此本章将基于复合系统协调度模型来实现定量分析。另外,因为战略性新兴产业囊括了高技术产业的前沿和高端部分,高技术产业在一定程度上可以看成战略性新兴产业的核心主体。因此在实证分析过程中用高技术产业的创新效率情况来近似地代替战略性新兴产业就具有可行性。

另外值得一提的是,由于我国战略性新兴产业的发展是在传统制造业发展不充分的背景下提出来的,而且目前传统制造业基数庞大、战略性新兴产业又尚显稚嫩,因而在分析战略性新兴产业与生产性服务业协同创新现状的同时,我们也应当对传统制造业与生产性服务业协同创新的现状进行附带分析,以确保新旧两种类型产业与生产性服务业均实现良性协同发展。基于这种考虑,本章将以传统制造业作为战略性新兴产业的对比,对它们与生产性服务业的协同创新现状进行演化博弈推演和协同度测度分析。

6.3 协同创新演化博弈模型

基于有限理性假设，协同创新系统中的战略性新兴产业与生产性服务业均会对创新活动的不确定性与风险性做出合理判断，并进而采取相应的创新策略，这种创新行为大多数情况下将表现为一种缓慢的演化过程，因而可以采用演化博弈论对其进行分析。演化博弈论以参与人为研究对象，对具备有限信息的创新主体在既得利益上进行动态博弈追求自身利益最大化的进程进行分析，最终的演化均衡结果将取决于演化的初始条件及演化路径。

(1)战略性新兴产业与创造型生产性服务业的研发创新博弈

我们对研发创新博弈的影响要素(战略性新兴企业与创造型生产性服务企业)进行如下假设：a_m 为战略性新兴企业 m 所拥有的研发创新资源，包括技术储备、人力资源、商业模式等资源的集成；b_m 为战略性新兴企业 m 协同创新的收益系数，表征企业的协同研发创新能力；c_m 为战略性新兴企业 m 协同研发创新的成本系数，表征企业在协同研发创新过程中所需承担的风险水平；因而可知 a_mb_m 即企业 m 采取协同研发创新策略时的预期收益，a_mc_m 为企业 m 采取协同研发创新策略时的预期成本；d_m 为战略性新兴企业 m 独立研发创新时的预期收益。

同理，a_{ps} 为生产性服务企业 ps 所拥有的研发创新资源，b_{ps} 为生产性服务企业 ps 协同研发创新的收益系数，c_{ps} 为生产性服务企业 ps 协同研发创新的成本系数，$a_{ps}b_{ps}$ 即为企业 ps 采取协同研发创新策略时的预期收益，$a_{ps}c_{ps}$ 为企业 ps 采取协同研发创新策略时的预期成本，d_{ps} 为生产性服务企业 ps 独立研发创新时的预期收益。根据以上假设，战略性新兴企业与创造型生产性服务企业研发创新博弈的支付矩阵如表 6-1 所示。

表 6-1 战略性新兴企业与创造型生产性服务企业研发创新博弈的支付矩阵

预期收益		创造型生产性服务企业	
		协同研发创新	独立研发创新
战略性新兴企业	协同研发创新	$d_m+a_mb_m-a_mc_m$，$d_{ps}+a_{ps}b_{ps}-a_{ps}c_{ps}$	$d_m-a_mc_m$，d_{ps}
	独立研发创新	d_m，$d_{ps}-a_{ps}c_{ps}$	d_m，d_{ps}

假设区域范围内选择协同研发创新策略的战略性新兴企业比例为

$i(0 \leqslant i \leqslant 1)$，选择独立研发创新策略的战略性新兴企业比例为 $1-i$；选择协同研发创新策略的生产性服务企业比例为 $j(0 \leqslant j \leqslant 1)$，选择独立研发创新策略的生产性服务企业比例为 $1-j$。

那么，战略性新兴企业在协同研发创新和独立研发创新两种模式下的平均创新收益为：

$$\overline{u_m} = i[j(d_m + a_m b_m - a_m c_m) + (1-j)(d_m - a_m c_m)] + ((1-i)[jd_m + (1-j)d_m]) \quad (1)$$

对式(1)求导数：

$$d\overline{u_m}/da_m = i[j(b_m - c_m) - (1-j)c_m] = i(jb_m - c_m) \quad (2)$$

由式(2)可知，i 和 j 的数值增大均可提升战略性新兴企业的收益率，也即区域范围内参与协同研发创新的战略性新兴企业和生产性服务企业越多，则战略性新兴企业 m 的平均研发创新收益就越高。

值得一提的是，此处本章选取的创新主体是战略性新兴产业，其实式(2)的结论对于传统制造业同样适用，只不过式(2)中 b_m 和 c_m 的数值有所区别而已。从战略性新兴产业固有的高技术、高风险和高研发水平等属性可以看出，战略性新兴产业的 b_m 和 c_m 数值比传统制造业都要高，因此 i 和 j 数值的增大导致战略性新兴产业平均创新收益提升的比例大于传统制造业，也即区域范围内参与协同研发创新的企业越多，战略性新兴企业与创造型生产性服务业研发创新的协同度会相对传统制造业偏高。

同理可知，生产性服务企业在协同研发创新和独立研发创新两种模式下的平均创新收益为：$\overline{u_{ps}} = j[i(d_{ps} + a_{ps}b_{ps} - a_{ps}c_{ps}) + (1-i)(d_{ps} - a_{ps}c_{ps})] + (1-j)[id_{ps} + (1-i)d_{ps}]$ (3)

对式(3)求导数：

$$d\overline{u_{ps}}/da_{ps} = j[i(b_{ps} - c_{ps}) - (1-i)c_{ps}] = j(ib_{ps} - c_{ps}) \quad (4)$$

由式(4)可知，i 和 j 的数值增大均可提升生产性服务企业的收益率，也即区域范围内参与协同研发创新的战略性新兴企业和生产性服务企业越多，则生产性服务企业 ps 的平均创新收益就越高。

(2)战略性新兴产业与保障型生产性服务业的外包创新博弈

我们对外包创新博弈的影响要素(战略性新兴企业与保障型生产性服务企业)进行如下假设：e 为战略性新兴企业 m 外包服务业务对应的收益，f 为战略性新兴企业 m 为完成外包服务业务所需耗费的创新成本，g 为生产性服务企业 ps 承接外包服务业务的收益(也即战略性新兴企业 m 支付的外包费用)，h 为生产性服务企业 ps 完成外包服务业务所需耗费的创新成本；从上述定义不难看出：$e \geqslant f \geqslant g \geqslant h$。根据以上假设，战略性新兴企业与保障型生产性服务企业外包创新博弈的得益矩阵如表 6-2 所示。

表 6-2 战略性新兴企业与保障型生产性服务企业外包创新博弈的得益矩阵

得益		保障型生产性服务企业	
		承接外包服务	不承接外包服务
战略性新兴企业	服务业务外包	$e-g, g-h$	$e-g, 0$
	自行创新完成	$e-f, -h$	$e-f, 0$

假设区域范围内选择将服务业务外包的战略性新兴企业比例为 $s(0 \leqslant s \leqslant 1)$，选择通过自行创新完成服务业务的战略性新兴企业比例为 $1-s$；选择承接外包服务的生产性服务企业比例为 $t(0 \leqslant t \leqslant 1)$，选择不承接外包服务的生产性服务企业比例为 $1-t$。

那么，战略性新兴企业在服务业务外包和自行创新完成两种模式下的平均得益为：

$$\overline{v_m} = s[t(e-g)+(1-t)(e-g)]+(1-s)[t(e-f)+(1-t)(e-f)] \tag{5}$$

将式(5)化简可得：

$$\overline{v_m} = (e-f)+s(f-g) \tag{6}$$

由式(6)可知，s 数值增大可提升战略性新兴企业的得益，也即区域范围内进行服务外包的战略性新兴企业越多，则战略性新兴企业 m 的平均得益就越高。

与研发创新博弈情况类似的是，此处本章选取的创新主体是战略性新兴产业，其实式(6)的结论对于传统制造业同样适用，只不过式(6)中 e、f 和 g 的数值有所区别而已。战略性新兴产业一般具备产业发展的前瞻性，因而在其服务外包后可以更加集中精力从事核心业务，所以其 e 的数值会相对传统制造业偏高；而传统制造业因其产业规模的基数较大导致其外包业务的数量和类型都相对复杂，因而其 f 的数值会相对战略性新兴产业偏高。而从生产性服务企业市场的一般性均衡来看，g 的数值在二者之间应当差别不大。因此对于传统制造业而言，式(6)中的 $f-g$ 的数值会相对较大，这就表明 s 值增大对于 $\overline{v_m}$ 值增大的影响程度更大，也即区域范围内参与协同外包创新的企业越多，传统制造业与保障型生产性服务业外包创新的协同度会相对战略性新兴企业偏高。

同理可知，生产性服务企业在承接外包服务和不承接外包服务两种模式下的平均得益为：

$$\overline{v_{ps}} = t[s(g-h)+(1-s)(-h)]+(1-t)[s\times 0+(1-s)\times 0] \tag{7}$$

将式(7)化简可得：

$$\overline{v_{ps}} = t(sg-h) \tag{8}$$

由式(8)可知，s 和 t 的数值增大均可提升生产性服务企业的得益，也即区域范围内进行服务外包的战略性新兴企业和承接外包服务的生产性服务企业越多，则生产性服务企业 ps 的平均得益就越高。

6.4 创新系统协同度模型

(1)模型描述

对于创新活动而言，产业协同度指的就是作为创新主体的不同产业之间彼此协同一致的程度。由孟庆松、韩文秀(2000)所提出的复合系统协调度模型可知，不同产业之间创新协同度越大，则产业协同创新能力就越高；反之则越低。因此本章引入协同学的相关理论，结合战略性新兴产业和生产性服务业创新系统的特点，建立战略性新兴产业与生产性服务业创新系统协同度测度模型。

根据三螺旋协同创新系统理论，区域创新体系中除了企业维度之外，还应当包含政府和大学维度。因此本章在对战略性新兴产业和生产性服务业创新系统的协同度进行度量时，除了战略性新兴产业子系统、生产性服务业子系统之外，还加入了创新外部环境子系统(用于指代政府、大学和中介机构对产业协同创新的影响)。

假设产业协同创新系统中战略性新兴产业子系统、生产性服务业子系统和创新外部环境子系统为 S_j ，$j \in (1,2,3)$ ；设其演进过程中的序参量变量为 $e_j=(e_{j1},e_{j2},\cdots,e_{jn})$ ，$\beta_{ji}\leqslant e_{ji}\leqslant \alpha_{ji}$ ，$i\in[1,n]$ ，$n\geqslant 2$ 。不失一般性，假定 $e_{j1},e_{j2},\cdots,e_{jl}$ 的取值越大，系统的有序程度越高，其取值越小，系统的有序程度越低；假定 $e_{jl+1},\cdots,e_{jn}$ 取值越大，系统的有序程度越低，其取值越小，系统的有序程度越高。各子系统的序参量分量 e_{ji} 的有序度为：

$$U_j(e_{ji})=\begin{cases}(e_{ji}-\beta_{ji})/(\alpha_{ji}-\beta_{ji}),i\in[1,l]\\(\alpha_{ji}-e_{ji})/(\alpha_{ji}-\beta_{ji}),i\in[l+1,n]\end{cases} \tag{9}$$

其中 $e_{ji}(i=1,2,\cdots n)$ 为第 j 个序参量变量的第 i 个指标值，α_{ji} ，β_{ji} 为第 j 个序参量变量在第 i 个指标值上的上限值和下限值。$U_j(e_{ji})\in[0,1]$ ，其值越大，则 e_{ji} 对系统有序的作用就越大，对系统有序的功效也就越大。

则子系统 S_j 的协调度为：

$$U_j(S_j) = \sqrt[n]{\prod_{i=1}^{n} U_j(e_{ji})} \tag{10}$$

式中 $U_j(S_j)$ 代表了子系统 S_j 的协调度，$U_j(S_j) \in [0,1]$，$U_j(S_j)$ 越大，说明子系统 S_j 的协调程度越高，对整个系统协同程度的贡献也就越大，反之贡献就越低。

对于给定的初始时刻 t_0，设上述各子系统 S_j 的系统协调度为 $U_j^0(S_j)$，对于协同创新系统发展演进过程中的时刻 t_1 而言，设此时上述各子系统 S_j 的系统协调度为 $U_j^1(S_j)$，且 $U_j^1(S_j) - U_j^0(S_j) \geqslant 0$（或者 $U_j^1(S_j) - U_j^0(S_j) \leqslant 0$，$j \in [1,m]$），则协同创新系统的协同度可以表示为：

$$c = \sqrt{\prod_{j=1}^{3} \left| U_j^1(S_j) - U_j^0(S_j) \right|} \tag{11}$$

由式(11)可知，$c \in [0,1]$，c 值越大，则战略性新兴产业与生产性服务业协同创新系统的整体协同程度越高，反之则越低。创新系统的协同度是由所有三个子系统共同决定的，如果一个子系统的有序程度较大或者上升，而其他子系统的有序程度较小或者下降，则整个创新系统的整体协同度就不高，只有各个子系统均处于同步增长或者降低的状态时，整个协同创新系统才处于协调状态。

(2)序参量的确定

在产业创新系统协同度模型中，序参量的选择至关重要，它将直接影响到复合系统协同度的测度。在目前对于产业协同创新的研究领域中，较少有研究专门对战略性新兴产业和生产性服务业协同进行分类的定量测度，这就给战略性新兴产业创新和生产性服务业创新两个子系统序参量的选择带来了一定的困难。根据评价内容的全面性、评价数据的易得性、评价指向的明确性等原则，本章确定了产业协同创新系统中三个子系统的序参量，具体内容和指代取向如表 6-3 所示。

表 6-3　战略性新兴产业与生产性服务业协同创新系统中三个子系统的序参量

<table>
<tr><th colspan="2">子系统名称</th><th>序参量</th><th>在研发创新博弈(外包创新博弈)中所对应的内容</th></tr>
<tr><td rowspan="10">战略性新兴产业子系统</td><td rowspan="8">与创造型生产性服务业对应的序参量</td><td>R&D 人员全时当量(人年)</td><td rowspan="3">a_m</td></tr>
<tr><td>R&D 经费内部支出(万元)</td></tr>
<tr><td>新产品开发经费支出(万元)</td></tr>
<tr><td>新产品产值(万元)</td><td rowspan="2">d_m</td></tr>
<tr><td>新产品销售收入(万元)</td></tr>
<tr><td>有效发明专利(件)</td><td>$a_m b_m$</td></tr>
<tr><td>技术改造经费支出(万元)</td><td rowspan="2">$a_m c_m$</td></tr>
<tr><td>技术引进经费支出(万元)</td></tr>
<tr><td rowspan="2">与保障型生产性服务业对应的序参量</td><td>专利申请数－有效发明专利(件)</td><td>e</td></tr>
<tr><td>消化吸收经费支出(万元)</td><td>f</td></tr>
<tr><td colspan="2" rowspan="5">生产性服务业子系统(包括创造型和保障型生产性服务业)</td><td>固定资产投资额(亿元)</td><td>$a_{ps} c_{ps}$</td></tr>
<tr><td>R&D 人员全时当量(人年)</td><td>a_{ps}</td></tr>
<tr><td>R&D 经费内部支出(万元)</td><td>h</td></tr>
<tr><td>R&D 课题(项)</td><td>d_{ps} ，g</td></tr>
<tr><td>R&D 投入经费(万元)</td><td>$a_{ps} b_{ps}$</td></tr>
<tr><td colspan="2" rowspan="4">创新外部环境子系统</td><td>R&D 经费支出中政府资金部分占财政支出的比重</td><td>代表政府对产业创新发展的重视程度</td></tr>
<tr><td>高等学校 R&D 人员全时当量(人年)</td><td>代表大学对产业创新的支持能力水平</td></tr>
<tr><td>技术市场成交额(亿元)</td><td rowspan="2">代表中介机构对产业创新服务的支撑力量强弱</td></tr>
<tr><td>科学研究与开发机构 R&D 经费支出占国内生产总值比重</td></tr>
</table>

6.5 实证分析

(1)数据来源

为了全面验证前文产业协同创新演化博弈模型进行理论推演所得出的结论,本章拟进行四组产业协同创新系统的协同度分析,其中:第一组为战略性新兴产业与创造型生产性服务业研发创新的协同度,第二组为战略性新兴产业与保障型生产性服务业外包创新的协同度,第三组为传统制造业与创造型生产性服务业研发创新的协同度,第四组为传统制造业与保障型生产性服务业外包创新的协同度。

鉴于数据的可获得性,本章选取了2004—2011年作为研究年限,全部数据均来源于中经网统计数据库和历年《中国高技术产业统计年鉴》《中国第三产业统计年鉴》《中国科技统计年鉴》和《中国统计年鉴》;其中有关价格的变量均通过2004年的工业品出厂价格指数进行平减。

另外根据我国对生产性服务业的统计口径,本章选取了交通运输仓储和邮政业、信息传输计算机服务和软件业、金融业、租赁和商务服务业、科学研究技术服务和地质勘查业作为生产性服务业的统计范围。其中创造型生产性服务业的数据由信息传输计算机服务和软件业、科学研究技术服务和地质勘查业的数据累加所得,保障型生产性服务业的数据由交通运输仓储和邮政业、金融业、租赁和商务服务业的数据累加所得。

(2) 三个子系统有序度确定

因篇幅所限,本章此处以第一组协同度分析为例进行计算,其他三组协同度分析只给出最终的计算结果。将第一组协同度分析的原始数据代入公式(9),得到战略性新兴产业子系统、创造型生产性服务业子系统、创新外部环境子系统序参量各分量的有序度,如表6-4所示。

表 6-4 战略性新兴产业、创造型生产性服务业、创新外部环境子系统序参量各分量有序度

	年份	2004	2005	2006	2007	2008	2009	2010	2011
战略性新兴产业子系统	R&D 人员全时当量	0.0000	0.1711	0.2228	0.4165	0.5370	0.6512	0.9096	1.0000
	R&D 经费内部支出	0.0000	0.0744	0.1737	0.2677	0.3839	0.5096	0.7145	1.0000
	新产品开发经费支出	0.0000	0.1236	0.1979	0.3098	0.4251	0.5249	0.5894	1.0000
	新产品产值	0.0000	0.0715	0.1822	0.3475	0.5257	0.4864	0.7901	1.0000
	新产品销售收入	0.0000	0.0571	0.1505	0.2943	0.4746	0.4547	0.7186	1.0000
	有效发明专利	0.0000	0.0338	0.0573	0.1407	0.3081	0.4340	0.7255	1.0000
	技术改造经费支出	0.0619	0.0000	0.1174	0.4735	0.5429	0.3894	1.0000	0.7348
	技术引进经费支出	0.0508	0.3291	0.2386	1.0000	0.3218	0.0326	0.0960	0.0000
创造型生产性服务业子系统	固定资产投资额	0.0000	0.0140	0.2041	0.2239	0.5119	0.9654	0.9891	1.0000
	R&D 人员全时当量	0.0000	0.1469	0.2934	0.5097	0.5118	0.6439	0.7760	1.0000
	R&D 经费内部支出	0.0000	0.0851	0.1701	0.3019	0.3125	0.6438	0.8545	1.0000
	R&D 课题	0.0000	0.1191	0.3301	0.7466	1.0000	0.6029	0.7452	0.9609
	R&D 投入经费	0.0000	0.1298	0.2591	0.4470	0.6779	0.4989	0.7094	1.0000
创新外部环境子系统	R&D 经费支出中政府资金部分占财政支出的比重	0.2029	1.0000	0.7929	0.7931	0.0000	0.5862	0.9651	0.3793
	高等学校 R&D 人员全时当量	0.0000	0.1724	0.3448	0.4828	0.6207	0.7241	0.8966	1.0000

续　表

年　　份		2004	2005	2006	2007	2008	2009	2010	2011
创新外部环境子系统	技术市场成交额	0.0000	0.0633	0.1411	0.2603	0.3880	0.4971	0.7501	1.0000
	科学研究与开发机构R&D经费支出占国内生产总值比重	0.1954	0.5129	0.1072	0.0133	0.0000	0.9112	1.0000	0.4839

将表6-4中数据代入公式(10),得到战略性新兴产业、创造型生产性服务业、创新外部环境各子系统的有序度,如表6-5所示。

表6-5　战略性新兴产业、创造型生产性服务业、创新外部环境各子系统的有序度

年　　份	2004	2005	2006	2007	2008	2009	2010	2011
战略性新兴产业子系统	0.0562	0.0951	0.1552	0.3520	0.4304	0.3474	0.5923	0.9872
创造型生产性服务业子系统	0.0000	0.0770	0.2444	0.4094	0.5609	0.6548	0.8091	0.9921
创新外部环境子系统	0.1993	0.2736	0.2538	0.1912	0.4907	0.6622	0.8977	0.6545

从表6-5可知,从2004—2011年,战略性新兴产业、创造型生产性服务业、创新外部环境各子系统的有序度在逐步提高,这说明我国战略性新兴产业与创造型生产性服务业越来越重视创新活动的协调发展。

(3)产业创新系统协同度确定

将表6-5中的数据代入公式(11),可以得到战略性新兴产业、创造型生产性服务业、创新外部环境三个子系统所组成产业创新系统的协同度,同理可以得到其他三组产业创新系统的协同度。所有数据如表6-6所示。

表6-6　战略性新兴产业(传统制造业为对比)与生产性服务业创新系统协同度

年　　份	2005	2006	2007	2008	2009	2010	2011
战略性新兴产业、创造型生产性服务业、创新外部环境三个子系统研发协同创新	0.0149	0.0363	0.0315	0.2472	0.2970	0.5503	0.6377

续　表

年　　份	2005	2006	2007	2008	2009	2010	2011
战略性新兴产业、保障型生产性服务业、创新外部环境三个子系统外包协同创新	0.0256	0.0338	0.0420	0.2699	0.2981	0.3310	0.3621
传统制造业、创造型生产性服务业、创新外部环境三个子系统研发协同创新	0.0261	0.0226	0.0246	0.2264	0.3395	0.5497	0.5710
传统制造业、保障型生产性服务业、创新外部环境三个子系统外包协同创新	0.0353	0.0549	0.0419	0.3086	0.3894	0.3691	0.3977

(4)结果分析

根据以上计算结果，本章绘制了战略性新兴产业(以传统制造业为对比)与生产性服务业(区分为创造型和保障型生产性服务业)创新系统的协同度趋势图，如图 6-1 所示。

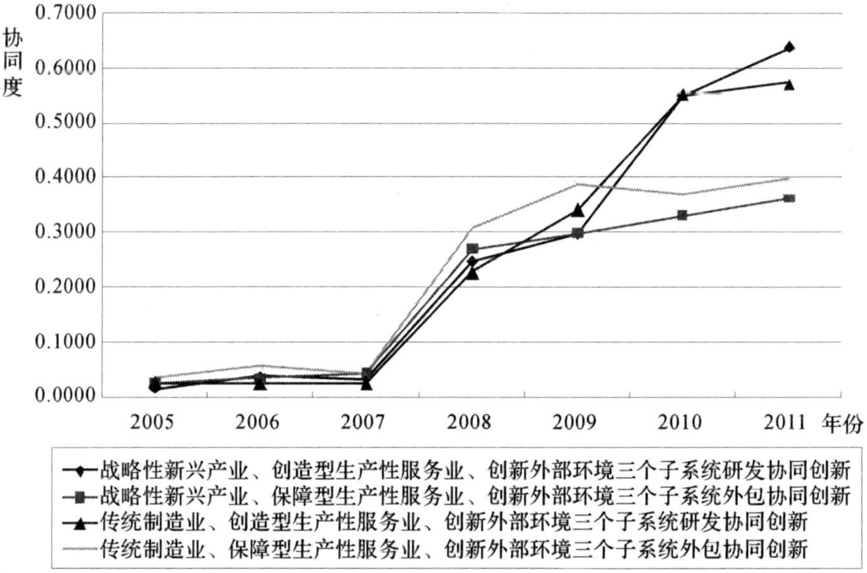

图 6-1　战略性新兴产业(传统制造业)与生产性服务业创新系统协同发展趋势图

结果表明，从 2005 年到 2011 年，上述四组产业创新系统的协同度均处于稳步上升的态势，即战略性新兴产业(以传统制造业为对比)子系统、(创造和保障型)生产性服务业子系统、创新外部环境子系统呈现持续性的协调发展趋势。这主要是由于参与研发协同创新的战略性新兴企业(以传统制造业为对比)和创造型生产性服务企业、参与外包协同创新的战略性新兴企业(以传统制造业)和保障型生产性服务企业数目不断增加,使得整个产业协同创新系统的协同度随之提高。这一点验证了前文研发创新博弈和外包创新博弈的理论推演结论。

从图 6-1 中四组产业创新系统的协同度数值大小比较可以看出,战略性新兴产业与创造型生产性服务业研发创新的协同度高于传统制造业,传统制造业与保障型生产性服务业外包创新的协同度高于战略性新兴产业。这一点也验证了前文研发创新博弈和外包创新博弈的理论推演结论。

从图 6-1 中各组产业创新系统协同度的变化趋势可以看出,2009 年之前,研发创新和外包创新的协同度数值相差并不太大;然而在 2010 年之后,研发创新的协同度与外包创新逐渐拉开了距离,而这一时间点正是我国"十二五"规划的初期,说明从这个阶段开始,协同研发创新对于战略性新兴产业和传统制造业发展的促进作用已经明显超越了服务业务外包。另外,"十二五"规划中明确了战略性新兴产业在我国下一个发展阶段的突出地位,这一点也与图 6-1 中所体现的"2010 年后战略性新兴产业与创造型生产性服务业研发创新协同度开始逐步高于传统制造业"的趋势相符合。

总体看来,在 2008 年之后,战略性新兴产业(传统制造业为对比)与生产性服务业的协同创新绩效大幅提升。然而从总体上看,战略性新兴产业(传统制造业为对比)与生产性服务业的协同创新的发展程度还比较低,只是在近年来才进入比较协同的状态,尤其是 2007 年之前的协同度都非常低,但从总的发展趋势看来,这种状况正在不断改善。

6.6 小结

本章从产业协同创新的角度,根据战略性新兴产业与生产性服务业协同创新方式的不同,将生产性服务业区分为创造型和保障型两种;并运用演化博弈理论,分别构建了战略性新兴产业与创造型和保障型生产性服务业的研发创新和外包创新的演化博弈模型,对战略性新兴产业(以传统制造业为对比)与生产性服务业协同创新的演化过程进行了理论推演;然后依据三螺旋协同创新理论,并引入复合系统协调度模型,对我国战略性新兴产业(以传统制造业为对比)与生产性服务业的协同创新状况进行了实证研究。

本章的研究表明，运用演化博弈理论，通过区分战略性新兴产业与生产性服务业协同创新的不同方式，可以对这两类产业创新系统的协同发展进程进行理论推演。推演的结果表明：协同创新体系中所包含的战略性新兴企业和生产性服务企业数目越多，则战略性新兴企业和生产性服务企业的总体创新收益越会提高；在研发创新博弈中，战略性新兴企业与创造型生产性服务业的协同程度高于传统制造业；在外包创新博弈中，传统制造业与保障型生产性服务业的协同程度高于战略性新兴企业。基于复合系统协调度模型的实证分析印证了上述理论推演的结论。

本章研究的不足之处在于，虽然高技术专业的创新效率情况能够在相当大的程度上体现战略性新兴产业的创新情况，但是二者毕竟存在不同之处；另外创造型和保障型生产性服务业的创新情况用信息传输计算机服务和软件业、科学研究技术服务和地质勘查业、交通运输仓储和邮政业、金融业、租赁和商务服务业来累加代表也显得较为笼统。在今后的研究过程中应当通过探索性案例分析、实地访谈、问卷调研等方式来获取更为精确的战略性新兴产业和生产性服务业的协同创新数据。

7. 创新链绩效提升——“互联网+”视角

7.1 引言

互联网已经成为现代企业的重要资讯来源，特别是对于新创企业而言，经营主体在互联网中嵌入所起的作用就表现得尤为明显；如同任何类型的网络资源一样，在互联网中的过分嵌入也可能会对新创企业的发展起到阻碍作用，因此对互联网嵌入程度的恰当把握已经成为新创企业成功的必要条件。而相对一般性企业而言，新创企业的成功更加依赖于创新链绩效的提升，因此明晰在互联网中的嵌入程度高低就成为提升新创企业创新链绩效的先决条件。

因此，基于互联网嵌入这种情境，为了深入探讨新创企业创新链的运作模式，就需要先对其在互联网中的嵌入程度进行衡量。为了达到这一研究目标，本章引入模糊层次分析方法，选取了战略性新兴产业、传统制造产业和生产性服务产业各1家新创企业作为样本进行实证分析，以对该领域的研究做出一些初步的探究。

7.2 互联网嵌入程度评价指标

为了对新创企业的互联网嵌入程度进行量化，首先就需要构建互联网嵌入程度的评价指标体系。目前该领域的研究成果较多，其中俞函斐(2014)所开发的量表具有一定的认可程度。本章接受其观点，以联系度、匹配度和牺牲感三个维度来表征互联网嵌入程度。其中联系度是指在时间占用、资源获取和社交往来方面网络使用者与互联网的交互，匹配度是指网络使用者所需物质和精神方面的需求与互联网之间的匹配程度，牺牲感是指网络使用者不能使用互联网所带来的物质和精神方面的损失感。在实际使用表7-1中的评价指标时，可以采用Likert量表打分的方式对其进行量化处理。

表 7-1 互联网嵌入程度的评价指标

一级指标	二级指标
A_1:联系度	A_{11}:我经常上网
	A_{12}:上网占据了我大部分的时间
	A_{13}:我的很多工作需要通过网络来完成
	A_{14}:我常常在网络上关注别人在做什么
	A_{15}:我在网络上主要和生活中认识的朋友联系
A_2:匹配度	A_{21}:我喜欢通过网络和人交流
	A_{22}:我觉得在网络中更能找到志同道合的朋友
	A_{23}:我喜欢通过网络获取信息
	A_{24}:我对网络充分信任
A_3:牺牲感	A_{31}:离开网络让我觉得很焦虑
	A_{32}:离开网络让我觉得和这个社会脱节
	A_{33}:离开网络让我觉得失去精神依托
	A_{34}:离开网络会让我失去各种机会
	A_{35}:离开网络我需要支付更高的沟通成本
	A_{36}:离开网络会增加我的生活成本

7.3 新创企业互联网嵌入程度评价模型

根据模糊层次分析法的基本思路,为解决上述互联网嵌入程度评价指标的合理定量化问题和有效避免主观因素评价的主观判断偏差,本章此处首先将新创企业互联网嵌入程度所需对比的新创企业类型和嵌入程度对比结果的评价准则权重和各备选模式对准则的集成评价结果分别用模糊数和模糊语言变量来表示,并采用模糊数与非模糊数相结合的方法以得到各评价指标的相对权重和各类新创企业类型的集成评价结果;然后运用模糊数运算法则和模糊数排序方法,计算得出各类新创企业的模糊整体评价和模糊数总排序,以定量化确定各类新创企业的互联网嵌入程度水平。下面将基于模糊层次分析的新创企业互联网嵌入程度评价机制运作步骤阐述如下：

(1)确定上层准则的模糊权重

首先邀请相关专家对所有一级指标下各类新创企业互联网嵌入程度水平进行一一评价。其具体方法为：专家依据特征向量法得到上层准则的两两比较的判断矩阵，通过 Matlab 求矩阵的最大特征值及对应的特征向量，从而得到相关学者和专家对于每个上层准则的重要性的评价。然后按照模糊 Delphi 法的思路，将各个专家意见集成后的结果用三角模糊数来表示。三角模糊数权重的确定方法如下：

$$W_t = (e_t, f_t, g_t) \tag{1}$$

式中，W_t 是上层准则的模糊权重，$e_t = \min_j\{W_{jt}\}$，$g_t = \max_j\{W_{jt}\}$，$f_t = \sqrt[n]{\prod_{j=1}^{n} W_{jt}}$，$W_{jt}$ 是专家 i 对上层准则 A_t 的重要性的评价。

三角模糊数与风险语言变量值的对应关系如表 7-2 所示。

表 7-2　三角模糊数与风险语言变量值对照表

三角模糊数	语言变量值
(0,0,0.25)	风险极高
(0,0.25,0.35)	风险高
(0.25,0.35,0.5)	风险较高
(0.35,0.5,0.75)	风险中等
(0.5,0.75,0.85)	风险较低
(0.75,0.85,1)	风险低
(0.85,1,1)	风险极低

(2)确定下层准则权重及其对各类新创企业互联网嵌入评价指标的符合程度

下层准则的权重和下层准则对各类新创企业互联网嵌入评价程度分别用表 7-2 中所示的模糊语言变量来表示，并用平均算子集成决策者的评价。下层各类新创企业互联网嵌入程度和准则权重的集成方法如下：

$$S_{itu} = \left[\frac{1}{n}\right] \otimes (S_{itu1} \oplus S_{itu2} \oplus \cdots \oplus S_{itun}) \tag{2}$$

$$W_{tu} = \left[\frac{1}{n}\right] \otimes (W_{tu1} \oplus W_{tu2} \oplus \cdots \oplus W_{tun}) \tag{3}$$

式中，S_{itu} 表示基于下层准则 A_{tu} 各类新创企业互联网嵌入程度的平均模糊满意程度，W_{tu} 表示下层准则 A_{tu} 的平均权重。S_{ituj} 表示专家 i 在准则 A_{tu} 下对各类新创企业互联网嵌入程度的权重分配，W_{tuj} 表示专家 i 对准则 A_{tu} 的权重分配。这样，由集成 S_{itu} 和 W_{tu} 可得到各类新创企业互联网嵌入程度的满意度指标 R_i ：

$$R_i = \left[\frac{1}{k}\right] \otimes [(S_{it1} \otimes W_{t1}) \oplus (S_{it2} \otimes W_{t2}) \oplus \cdots \oplus (S_{itk} \otimes W_{tk})] \tag{4}$$

令 $S_{ituj} = (q_{ituj}, o_{ituj}, p_{ituj})$ 和 $W_{tuj} = (c_{tuj}, a_{tuj}, b_{tuj})$ 为三角模糊数。那么 R_i 可以近似表达为：

$$R_i \cong (\gamma_i, \lambda_i, \theta_i) \tag{5}$$

式中，$\gamma_i = \frac{1}{k}\sum_{t=1}^{k} q_{itu} c_{tu}$ $\quad \lambda_i = \frac{1}{k}\sum_{t=1}^{k} o_{itu} a_{tu}$ $\quad \theta_i = \frac{1}{k}\sum_{t=1}^{k} p_{itu} b_{tu}$

$$q_{itu} = \frac{1}{n}\sum_{j=1}^{n} q_{ituj} \quad o_{itu} = \frac{1}{n}\sum_{j=1}^{n} o_{ituj} \quad p_{itu} = \frac{1}{n}\sum_{j=1}^{n} p_{ituj}$$

$$c_{tu} = \frac{1}{n}\sum_{j=1}^{n} c_{tuj} \quad a_{tu} = \frac{1}{n}\sum_{j=1}^{n} a_{tuj} \quad b_{tu} = \frac{1}{n}\sum_{j=1}^{n} b_{tuj}$$

$$i = 1,2,\cdots,m \quad t = 1,2,\cdots,k \quad j = 1,2,\cdots,n$$

由上式集成 S_{itu} 和 W_{tu} 后，就可以得到各类新创企业互联网嵌入程度对每个上层准则的模糊满意度指标 R_i。

(3)对各类新创企业互联网嵌入程度进行模糊整体评价

在得到各类新创企业互联网嵌入程度对上层准则的满意度 R_i 和各上层准则的模糊权重值后，就可以对每类新创企业互联网嵌入程度进行模糊整体评价：

$$F_i = R_i \otimes W_t \cong (\gamma'_i, \lambda'_i, \theta'_i) \tag{6}$$

式中，$\gamma'_i = \gamma_i \times e_t$ ，$\lambda'_i = \lambda_i \times f_t$ ，$\theta'_i = \theta_i \times g_t$。

(4)模糊数的排序方法

为了对各类新创企业互联网嵌入程度进行排序，此处需要将模糊评价值 F_i 进行非模糊化，以便对比分析各类新创企业互联网嵌入程度。此处选择 Chang Jing-rong 的双系数法与传统的重心法相结合来对模糊数进行排序。其具体方法为：

设有三角模糊数 $A_i = (a, b, c)$，$a < b < c$，则根据 Chang Jing-rong 法有：

$$F_i = \frac{1}{2}\{\alpha[\beta H(i) + (1-\beta)H(i)] + (1-\alpha)[\beta R_s(i) + (1-\beta)L_s(i)]\} \tag{7}$$

式中，F_i 是第 i 个模糊数的排序值，α 值由专家给出，$0<\alpha<1$，一般取 0.5；β 指决策者的乐观或悲观系数，$0<\beta<1$。当 $\beta>0.5$ 时，表示决策者是乐观的；当 $\beta<0.5$ 时，表示决策者是悲观的；当 $\beta=0.5$ 时，表示决策者的情绪是中立的。H(i)指第 i 个模糊数的高。$R_s(i)=b+c$，$L_s(i)=a+b$。

而根据传统的重心法有：$F_i = \dfrac{\int vu(v)dv}{\int u(v)dv} = \dfrac{1}{3}(a+b+c)$ （8）

F_i 的值越大则该类新创企业互联网嵌入程度越高。

7.4 实例分析

因时间和条件所限，我们选取了战略性新兴产业、传统制造产业和生产性服务产业各 1 家新创企业进行实例分析。为简单起见，本章此处将战略性新兴企业 A、传统制造企业 B 和生产性服务企业 C 分别标记为 Z_1，Z_2，Z_3。下面将讨论具体的新创企业互联网嵌入程度对比过程。

邀请相关领域的学者和专家采取模糊 Delphi 法对上述三家新创企业互联网嵌入程度的上层准则指标进行两两比较得到判断矩阵，根据层次分析法的基本原理计算得出上层准则的重要性评价，再根据公式(1)计算得出各上层准则的模糊权重，如表 7-3 所示。

表 7-3 上层准则的模糊权重表

上层准则	模糊权重
A_1	$W_1=(0.6229, 0.7493, 0.8914)$
A_2	$W_2=(0.5486, 0.6589, 0.7702)$
A_3	$W_3=(0.4361, 0.5233, 0.6243)$
A_4	$W_4=(0.4794, 0.5760, 0.7119)$

应用表 7-3 中语言变量值的模糊数分别评价下层准则的权重 W_{tu} 和每家新创企业互联网嵌入程度的满意度；运用平均算子集成各专家的评价，并运用公式(4)和公式(5)计算得出每家新创企业互联网嵌入程度对每个

上层准则的模糊满意度指标 R_i。

根据公式(6)计算出三家新创企业互联网嵌入程度的模糊整体评价，如表 7-4 所示。

表 7-4　三家新创企业互联网嵌入程度的模糊评价值

三家新创企业互联网嵌入程度	模糊评价值
Z_1	$F_1=(0.8837, 1.0153, 1.2623)$
Z_2	$F_2=(0.8442, 1.0168, 1.1716)$
Z_3	$F_3=(0.9353, 1.1217, 1.3363)$

根据公式(7)和公式(8)计算得出三家新创企业互联网嵌入程度的非模糊化值并进行排序，其结果如表 7-5 所示。

表 7-5　三家新创企业互联网嵌入程度的模糊评价值的非模糊化及其排序

三家新创企业	双系数法($\alpha=0.5$，$\beta=0.5$)	重心法	排序
Z_1	0.8002	1.0698	2
Z_2	0.7738	1.0124	3
Z_3	0.8307	1.1297	1

根据模糊集合理论，F_i 的值越大则该新创企业的互联网嵌入程度越高。故此可以得出结论，生产性服务企业 C 的互联网嵌入程度最高，战略性新兴企业 A 的互联网嵌入程度居中，传统制造企业 B 的互联网嵌入程度最低。

7.5　小结

本章结合模糊集合理论与层次分析法的相关理念，以战略性新兴产业、传统制造产业和生产性服务产业各 1 家新创企业为样本，首先根据文献梳理的结果提出了互联网嵌入程度的评价指标；然后运用模糊 Delphi 法对多个专家的意见进行集成，得到各准则的模糊数权重，并以三角模糊数来表示准则的重要性；再通过层次集成的模糊多准则决策方法得到每家新创企业互联网嵌入程度的模糊整体评价；并通过 Chang Jing-rong 双系数法和重心法对模糊数进行非模糊化处理，从而确定每家新创企业互联网嵌入程度的相对高低，最后通过一个实例分析诠释了该对比机制的求解过程。

该方法使用的模糊层次分析方法充分考虑了专家意见对各层准则权重和每家新创企业互联网嵌入程度评价的不确定性，同时通过三角模糊数的使用将准则权重和每家新创企业互联网嵌入程度的评价集成到模糊数中，这种数学处理方法可以有效地将各专家的经验和知识反映到决策过程中，有效地对各类新创企业的互联网嵌入程度进行对比，以为互联网嵌入情境下对新创企业创新链运作模式的探析提供参考。

8. 创新链绩效提升——价值链视角

8.1 引言

不同宏观经济特征需要创新的经营模式与之契合，以规模扩张与资本运营为支撑的实体经营模式迎合了传统工业经济时代的发展要求，而以外部借力与契约经营为特征的虚拟经营范式则更加适应网络经济时代的运作特点，这同时也是创新链绩效提升的可行途径之一，因为成功的虚拟经营模式意味着经营主体必须与外界的各类利益相关者进行合理关联，特别是其核心模块的创新绩效更加需要创新链网络中各种主体的参与和支持。

实际上，以戴尔模式为代表的制造行业虚拟经营(Manufacture Industry Virtual Operating) 早已开始悄然登上网络经济新纪元的全球经营大舞台，并开始逐步成为主角。理论界关于制造业虚拟经营的学术研究成果层出不穷，实务界则诞生了许多成功实施虚拟经营范式的制造业代表，制造型企业虚拟经营理论和实践已然整合为一体化的规范系统。

反观服务行业虚拟经营(Service Industry Virtual Operating)，尽管近年来蓬勃发展的服务外包产业为服务企业虚拟经营机制发展提供了最佳注脚，但是毕竟实务界中实施虚拟经营的服务企业数量尚少，理论界对于服务企业虚拟经营的相关研究还较为少见。本章我们选择服务产业进行虚拟经营战略模式研究，以对其创新链绩效提升的途径进行解析。

8.2 文献回顾

国外内学者对于企业虚拟经营战略实施途径问题探讨的代表性文献可以简单归纳如下：

K. Preiss, S. L. Goldman, & R. N Nagel,(1996),E. D. Merkl, M. Middendorf(2003)从组织范式原理的角度对企业虚拟经营的可行性模式

进行了相关探讨，他们认为企业实施虚拟经营范式可以借助元管理模式的基本原理，依靠IT技术作为支撑，追求竞争优势和响应电子商务需要，达成分析和追踪需求、满足定位需求和调节最佳准则三个方面的功能。

传统的CIMSOSA、GRAI、IDEF、RAISE及PURDUE等不能直接用于虚拟企业建模。针对这一问题，Dominik Vanderhaeghen(2007)和Paul Grefen(2009)提出了基于核心竞争能力的虚拟企业利益分配的组织设计方法和集成结构。

肖人彬等(2009)引入了群集智能这种新颖的复杂系统建模手段，建立了将企业单元定义为人工蚂蚁，并根据虚拟企业运行的要求重新设计蚂蚁的属性特征、任务执行和学习规则、活动环境等模块，建立了扩展的蚁群劳动分工模型，采用该模型对虚拟制造式、供应链式、组织虚拟式等三种具有代表性的虚拟企业组织进行建模和仿真。

柯青(2006)和冯蔚东(2000)认为虚拟企业知识结点的不稳定性和知识本身的流动性会导致虚拟企业知识网络的动态性，因此能力整合、运行平台和管理理念三个研究视角可以用于探讨企业虚拟经营的运作原理。

汤勇力等(2007)构建了虚拟企业的任务过程模型，并对任务过程与价值链的动态映射以及基于价值链分析的虚拟企业组织构建进行探讨；定义了子任务价值系数作为伙伴企业组织形式选择的依据，并对任务价值链上子任务价值分布与虚拟企业组织多态性的关系进行了讨论。

结合前面文献综述的结果，我们可以发现：

第一，目前对于服务企业虚拟经营的研究多半集中于虚拟经营机制宏观层面，缺乏对于服务企业虚拟经营微观实施途径的研究。

第二，这些学术研究的研究方法多半以定性分析为主，缺乏实证分析的成果。

第三，从学术探讨的视角来看，对于服务企业虚拟经营问题的研究也缺乏全新的视角。

第四，在当前的竞争格局下，企业间的竞争将会逐渐由“整体经营价值链”演变成为“企业经营价值群”，进而升级为各个企业赖以生存的“企业经营价值系统”之争。在这个演进过程中，企业虚拟经营战略实施途径将取决于经营主体与外部各类利益相关者之间资源和活动的契合状态。

综上所述，本章将引入“价值链嵌入”这一全新视角，采用定性分析和定量分析相结合的方法，对我国服务企业虚拟经营战略的实施途径进行探讨，在定性分析方面对服务企业虚拟经营战略的实施途径进行归类分析，在定量分析方面选择样本服务企业进行问卷调研和数据分析。这些理论观点和实证数据将为服务企业创新链网络绩效的提升提供理论思路和数据支撑。

8.3 研究视角

根据近期学术研究的成果，虚拟企业的价值链是一条经过重构的全新价值链，而作为虚拟企业核心的实体企业的价值链却往往由于虚拟经营而不完整。所以在对企业虚拟经营进行研究时，我们需要一个能够诠释企业经营资源在经营主体以及其他利益相关者之间关系中所处位置的研究视角。

"价值链嵌入"这一理念则恰好满足此处的研究需要。所谓"价值链嵌入"，是指每个特定企业价值链活动在"整体经营价值链"到"企业经营价值群"直至"企业经营价值系统"中所处的特定位置，它代表了特定经营主体与本行业内企业、其他行业内企业、供应商、客户、政府等一切具备内在逻辑联系的利益相关者之间价值链的契合特征、资源的互补态势以及经营活动的嵌入性状态。

根据虚拟企业的相关理论，企业虚拟经营战略实施范式及其最为需要的经营资源为：

(1)供应链式：为目标企业提供服务所需原材料的供应，这种合作建立在产品、价格、质量、交货及时性基础上。该种范式最为需要的经营资源是物质资源。

(2)策略联盟式：几家服务企业彼此的市场有一定程度的分别和间隔，为了彼此的利益交换彼此的资源以创造竞争优势。该种范式最为需要的经营资源是技术资源。

(3)外包合作式：一个企业将拟提供服务的部分工作完全转包给别的企业，自己进行设计生产或只进行流程加工。该种范式最为需要的经营资源是财务资源。

(4)插入兼容式：企业拥有一支相对稳定的核心雇员队伍，但大量工作人员是根据经营需要临时雇用的流动人员。该种范式最为需要的经营资源是人力资源。

从价值链嵌入视角来分析，我们可以看出：为了明确服务企业虚拟经营战略的实施途径，我们应当首先将企业经营资源进行种类归纳和属性划分；然后探讨上述四种虚拟经营战略实施范式在服务企业中的适用性。

8.4 研究步骤

综上所述，本章的研究步骤可以简单归纳为：

(1)服务企业虚拟经营战略实施所需的资源种类归纳：根据服务企业的特点，以深度访谈法进行探索性研究的方式，以价值链上九种活动为标准甄选出服务企业虚拟经营战略实施所需的资源种类。

(2)服务企业虚拟经营战略实施所需的资源属采取性划分：根据知识密集型和劳动密集型服务企业的不同特征，采取以问卷调研和软件分析进行实证研究的方式，将步骤(1)中甄选出的所有资源种类进行属性划分；探讨两类服务企业实施虚拟经营战略所需资源类别是否有差异。

(3)服务企业虚拟经营战略实施的适用性范式分析：采用以逐步选择法(Stepwise)进行数据分析的方式，将步骤(2)中萃取得出的服务企业虚拟经营战略实施所需的资源类别进行回归分析，以明确两类服务企业实施虚拟经营战略的适用性范式。

8.5 基于价值链的资源种类归纳

根据价值链分析的相关理论，我们可知：使企业获得利润的经营活动可以归纳为原料供应、生产加工、成品储运、市场营销、售后服务、企业基础管理、人力资源管理、技术开发、采购等九项与战略相关的活动。

以这九种活动为标准，笔者首先以部分服务企业中高层经理和从事服务企业管理咨询的资深人士为访谈对象，采用深度访谈法进行探索性研究，访谈内容为他们对服务企业虚拟经营战略实施所需资源及其权重值的看法，访谈对象样本量为 24 个，行业分布包括咨询服务、金融服务、贸易服务、会展服务、酒店、零售、餐饮、旅游等，接着采用定量调研方法进行数据收集和数据整理，最后甄选出服务企业虚拟经营战略实施所需的资源种类共计 35 种，具体归纳于表 8-1 中。

表 8-1 服务企业虚拟经营战略实施所需的资源种类

服务企业价值链上各类活动	价值链上各类活动所对应的虚拟经营战略实施所需资源
原料供应	供应商信息、原材料供应
生产加工	质量控制、共享生产设备
成品储运	外部营销网络、产品运输途径
市场营销	服务供求信息、行业发展信息、同行业竞争者动态、共享营销渠道、经济法规和产业政策
售后服务	销售商信息、客户服务工具、服务改进理念、服务完善方法
企业基础管理	企业文化、规章制度、管理方法、管理模式、股票发行、债券、银行贷款、拆借资金
人力资源管理	组织结构、内部管理人员、稀缺的研发人员、高级技术员工
技术开发	专利使用、技术知识、技术诀窍、流程改进、新产品和新技术信息、分享研发设施
采购	日常采购途径、临时调入投入品

8.6 基于价值链的资源属性划分

(1)调研方法

本章根据上述表 8-1 的结果,首先设计出本次的调研问卷,为保证问卷的信度和效度,此处的问卷采用访问对象主观评价的方法进行;然后选择调研对象进行问卷发放,为了对服务企业进行细化研究,我们将服务企业区分为知识密集型服务企业和劳动密集型服务企业两个类别(注:知识密集型服务业:主要是指通过专业技术人员的智力劳动为客户提供服务的企业,如咨询服务、金融服务、贸易服务、会展服务等;劳动密集型服务业:主要是指通过一般技术人员的重复劳动为客户提供服务的企业,如酒店、零售、餐饮、旅游等),最后回收调研问卷进行数据分析。

(2)问卷设计

由于本章的研究属于探索性分析,目前尚无成型的调查问卷可借鉴。因此我们首先根据表 8-1 中的结论,自行设计出服务企业虚拟经营战略实施途径的调研量表，量表共分为两部分。为了提高问卷的测试效度，我们将表 8-1 中 35 个资源种类进行随机排序，并采用间接性的语句作为调研内容，该部分采用李克特（Likert）五级量表进行测量；第二部分用来描述被调研服务企业实施虚拟经营战略的适用性范式，为避免访问对象由于涉及敏感话题而拒绝回答或者隐瞒真实情况的现象出现，该部分的测量采用访问对象主观评价的方法进行。

（3）样本描述

为了保证调研问卷的覆盖程度和样本可靠性，此处我们采用四种途径相结合的方式进行问卷调查：通过作者联系管理咨询公司中的熟人，在这些管理咨询公司的客户资料库中选择服务企业发放问卷，此种途径共发出问卷 73 份；通过作者联系自己在服务企业中供职的亲戚、同学、朋友、校友发放问卷，此种途径共发出问卷 54 份；选择湖南、湖北两个省份部分城市的电话黄页搜索服务企业，先通过电话联系询对方问是否愿意接受问卷调查，然后通过邮寄问卷和发送 E-mail 相结合的方式发放问卷，此种途径共发出问卷 100 份；选择湖南省某高校经济管理系大三学生为访问员，经过系统的调研培训后，由访问员利用假期回家的时间完成调研，此种途径共发出问卷 153 份。此次调研共发放问卷 380 份，回收有效问卷 207 份。

8.7 实证分析

（1）模型的信度检验

本次研究采用 SPSS13.0 软件进行数据分析。分别对知识密集型和劳动密集型两类服务企业实施虚拟经营战略所需资源种类进行信度检验。*Cronbach's* α 系数均高于 0.7，表明本次问卷具有较高的信度。

（2）模型的效度检验

此处我们以知识密集型服务企业为例进行效度检验，劳动密集型服务企业的情况同理可得。我们首先将所获得知识密集型服务企业的问卷随机分成两部分，一部分做探测性因子分析，另一部分用来检验结果的有效性，对服务企业实施虚拟经营战略所需资源种类进行的 KMO 适当性检验结果显示：KMO 系数为 0.853；Bartlett's 值为 379.738；相伴概率为 0.013，小于显著性水平 0.05；均达到显著性水平，适合进行因子分析。

此处因子分析采用的是主成分算法（Principal Components Analysis）和正交旋转法（Varimax）。选取特征值（Eigenvalues）较高的因子，萃取后得到六个因子，此处调整后所得的六个主因子能够累计解释的差异量达70.927%，说明本章具有较高的构建效度。

用此处另一部分的样本数据做验证性因子分析，得到相似结果，除了因子载荷有较小出入外，因子结构稳定，再次表明本模型效度较高。

根据各个主因子所包含的资源名称，我们将这些主因子命名为：组织资源、信息资源、技术资源、人力资源、财务资源和物质资源。

另外根据我们对劳动密集型服务企业样本进行效度检验的结果，除了因子载荷和累计解释变异数值有所差异外，其因子萃取结果一致，主因子所包含的资源种类也一致。据此，我们可以认为：知识密集型和劳动密集型两类服务企业实施虚拟经营战略所需资源类别并无实质性差异。上文因子分析的具体数据如表 8-2 所示。

表 8-2 服务企业虚拟经营战略实施所需资源属性划分的因子分析（知识密集型和劳动密集型）

调查问卷题号	因子载荷	累计解释变异	因子名称
企业文化	0.715*，0.672**	7.371%*，6.181%**	组织资源
规章制度	0.603*，0.682**		
管理方法	0.673*，0.709**		
管理模式	0.813*，0.783**		
组织结构	0.841*，0.770**		
质量控制	0.721*，0.713**		
产品运输途径	0.597*，0.611**		
日常采购途径	0.672*，0.634**		
服务供求信息	0.835*，0.751**	15.045%*，13.112%**	信息资源
同行业竞争者动态	0.804*，0.802**		
供应商信息	0.723*，0.744**		
销售商信息	0.616*，0.638**		
行业发展信息	0.708*，0.671**		
新产品和新技术信息	0.652*，0.609**		
经济法规和产业政策	0.733*，0.706**		

续 表

调查问卷题号	因子载荷	累计解释变异	因子名称
专利使用	0.843*,0.809**	31.862%*,23.003%**	技术资源
技术知识	0.723*,0.781**		
技术诀窍	0.523*,0.495**		
流程改进	0.781*,0.711**		
服务改进理念	0.672*,0.639**		
服务完善方法	0.683*,0.618**		
客户服务工具	0.713*,0.673**		
内部管理人员	0.871*,0.819**	50.749%*,33.074%**	人力资源
稀缺的研发人员	0.663*,0.614**		
高级技术员工	0.763*,0.771**		
外部营销网络	0.776*,0.680**		
股票发行	0.875*,0.843**	60.841%*,49.924%**	财务资源
债券	0.832*,0.851**		
银行贷款	0.829*,0.813**		
拆借资金	0.685*,0.661**		
共享生产设备	0.712*,0.681**	70.941%*,67.979%**	物质资源
共享营销渠道	0.775*,0.802**		
分享研发设施	0.673*,0.705**		
临时调入投入品	0.668*,0.605**		
原材料供应	0.816*,0.827**		

注:知识密集型服务企业*,劳动密集型服务企业**。

我们所设计的调研问卷中第二部分专门用于测量被调研服务实施虚拟经营战略的适用性范式,并采用访问对象主观评价的方法完成调查,此处我们应用多元回归分析方法,将上文实证分析所萃取出的主因子作为自变量,将此处所测量得到的“被调研服务企业实施虚拟经营战略的适用性范式”作为因变量进行回归分析,选择预测变量的程序采用逐步选择法(Stepwise)来做分析。

(3)知识密集型服务企业虚拟经营战略实施的适用性范式分析

知识密集型服务企业回归分析的结果如表 8-3 所示。

表 8-3　知识密集型服务企业样本中“服务企业实施虚拟经营战略适用性范式”的多元回归分析

因变量	自变量	Std. B	T 值	Sig.	R^2
知识密集型服务企业实施虚拟经营战略最为重要的经营资源	组织资源	0.364	9.207	0.001	0.735
	信息资源	0.371	9.459	0.000	
	技术资源	0.382	10.011	0.002	
	人力资源	0.402	10.173	0.001	
	财务资源	0.326	8.025	0.000	
	物质资源	0.321	8.053	0.000	

表 8-3 是多元回归分析的结果，可以发现组织资源、信息资源、技术资源、人力资源、财务资源、物质资源六个自变量全部进入了回归模型，解释力都比较强，调整后的 R^2 系数为 0.735，模型的可信度可以接受。分析表明，知识密集型服务企业实施虚拟经营战略最为重要的经营资源为技术资源和人力资源。据此，知识密集型服务企业实施虚拟经营战略适用性范式为策略联盟式和插入兼容式。

(4)劳动密集型服务企业虚拟经营战略实施的适用性范式分析

劳动密集型服务企业回归分析的结果如表 8-4 所示。

表 8-4　劳动密集型服务企业样本中“服务企业实施虚拟经营战略适用性范式”的多元回归分析

因变量	自变量	Std. B	T 值	Sig.	R^2
劳动密集型服务企业实施虚拟经营战略最为重要的经营资源	组织资源	0.353	7.641	0.000	0.672
	信息资源	0.331	7.270	0.002	
	技术资源	0.347	7.463	0.001	
	人力资源	0.365	7.832	0.002	
	财务资源	0.372	8.443	0.001	
	物质资源	0.379	8.501	0.000	

表 8-4 是多元回归分析的结果，可以发现组织资源、信息资源、技术资源、人力资源、财务资源、物质资源六个自变量全部进入了回归模型，解释力都比较强，调整后的 R^2 系数为 0.672，模型的可信度可以接受。分析表

明,劳动密集型服务企业实施虚拟经营战略最为重要的经营资源为财务资源和物质资源。据此,劳动密集型服务企业实施虚拟经营战略适用性范式为供应链式和外包合作式。

8.8 小结

本章讨论了网络经济时代背景下服务企业虚拟经营战略实施途径,明确了知识密集型和劳动密集型两类服务企业实施虚拟经营战略的适用性范式,同时也就从价值链的角度为服务企业创新链的绩效提升途径提供了一种可行的思路。

我们首先以价值链上九种活动为标准,通过深度访谈方法归纳得出了服务企业虚拟经营战略实施所需的35种经营资源种类;然后根据知识密集型和劳动密集型服务企业的不同特征,通过软件分析将这些资源种类进行属性划分萃取得出了六个经营资源主因子,并根据效度检验的结果,发现知识密集型和劳动密集型两类服务企业实施虚拟经营战略所需资源类别并无实质性差异;最后将前面所得的六个经营资源主因子通过数据分析的方式进行回归分析,发现知识密集型服务企业实施虚拟经营战略的适用性范式为策略联盟式和插入兼容式,劳动密集型服务企业实施虚拟经营战略适用性范式为供应链式和外包合作式。

本章的研究是探索性研究,尚存在一些缺陷:本章所使用的调研问卷属于初次设计和应用,其结构划分和内容设计还需进一步完善;另外本章进行实证研究时所选择服务行业的种类不足,尚不足以反映出我国服务企业的整体状况。

在今后的相关研究中,我们将尽力完善服务企业虚拟经营的调研问卷,并积极选取更多其他类别的服务行业进行实证研究;另外我们还将根据理论研究的成果和对企业实践模式的总结,获取更为完善和详尽的虚拟经营范式进行衍生性分析和探讨,同时也需要将此处归纳得出的服务企业虚拟经营范式在虚拟经营的实践过程中加以运用和完善。

9. 创新链绩效提升——供应链视角

9.1 引言

目前国内外出版产业的市场竞争日趋激烈，使得越来越多的出版企业意识到仅仅依靠自身的力量将难以取得良好的经营绩效甚至会被淘汰出局，于是出版企业已经或者正在努力寻求与相关厂商间的联合，力图达到优势互补。出版企业间这种基于产品和服务纽带的耦合网络关系，实际上就构成了出版企业的供应链形式。

其实在出版产业链的经营过程中，出版企业与造纸企业、印刷企业、装订厂商、图文制作工作室、仓储运输厂商、批发分销商、图书零售商合作伙伴之间必然存在着一种动态变化的业务关联纽带；这种从原料采购到制成品完成过程中所发生和存在的产品或服务供应关系就是出版企业的供应链网络。

在出版企业以业务协作进行耦合的同时，这些具有分工协作关系的不同规模等级的出版企业和组织机构又由于地理临近性而形成了一种空间集聚的现象，这就是出版产业集群。由此可以看出，这种网络群体形成的时间伴随性和地理集聚性导致探讨出版企业的供应链网络问题势必要基于产业集群这一理论情境。

本章以产业集群为理论情境，从形成机制、架构形式和集成效应三个维度对出版企业供应链网络展开研究，从而为现代出版企业的高绩效运营提供更为适用的理论依据，同时也为出版企业这一经营主体在集群范围内创新链运作绩效的提升提供切实可行的保障，从供应链支持网络的角度为创新链绩效的提升提供一种尝试性的诠释。

9.2　集群情境下供应链网络的形成

对于出版企业而言，产业集群并不是企业个体的简单堆积，而是该地理区域内构成供应链网络企业个体的有机融合。在产业集群的情境下，出版企业供应链网络的形成是一个渐进的过程，产业集群地域这一特定的平台和环境是其形成的基本前提，而该出版企业供应链系统中核心企业的竞争力大小和供应链合作协调的效率高低则是其形成的机制保证。具体而言，产业集群情境下出版企业供应链网络的形成机制归纳如下：

(1)出版企业价值链的重构

从结构形式来看，出版社、纸张制造厂、印刷厂商、装订工厂、图文设计公司、仓储运输企业、批发分销商、图书零售商等相互关联的厂商经过价值链虚拟化、契合和整合等形式的重构活动之后即可形成出版企业供应链网络。而在产业集群的合理地域范围之内，出版企业为了达到自身的利益最优而集聚在一起，根据各自的具体情况进行价值链的整合工作，引导产品和产业相对集中，促使产业集群中业务合作网络和市场营销网络的形成，使得产业集群范围内出版企业供应链上的各个厂商在享有自己的运作方式的同时，还以供应链网络系统整体利益最优为目标来调整自身的价值链结构和形态。

(2)出版企业经营的专业化

专业化经营是形成供应链网络的基本途径，也是解决产业集群规模小、做不大、做不强和企业大而全、小而全问题的重要措施。对于出版企业而言，在产业集群的地理范围之内，当造纸厂、印装厂、图文设计公司专注于提供高质量的原材料和服务，出版社专心负责进行产业链最终产品的核心内容研发和载体形式创新，批发分销商、图书零售商等企业则致力于高效提供图书销售服务和市场动态信息的时候，这些上下游企业间的合作就具备了联盟维度下的利益共同体性质，实际上也就塑造完成了出版企业的供应链网络形式。

(3)出版企业的知识扩散

在产业集群范围内，出版企业间的业务协作加速了专业性的知识在产业集群内的扩散，促进了整个产业集群的技术升级，同时也催生了知识管理维度下供应链网络的形成：在出版企业间业务耦合的动态发展过程中会逐步催生出具备“知识溢出效应”的龙头企业，并且随着企业间业务协作进程的深入，还会有外部具备较强知识共享和扩散能力的企业融入现有的出版产业集群内部，这样一来出版企业间的知识关联和知识嵌套作用就会被进一步强化，从而导致出版企业间的业务协作关系更为明晰和专业。这种协作通过相互依存的产业关联使得产业集群内的出版企业形成完整的“知识供应链”，同时也加速了出版企业供应链网络的形成。

9.3 集群情境下供应链网络的架构

根据供应链管理的相关理论，出版企业供应链应当包括出版社、纸张制造厂、印刷厂商、装订工厂、图文设计公司、仓储运输企业、批发分销商、图书零售商等成员企业。而根据产业集群的相关理论，出版产业集群应当包括核心企业、政府行业部门、资源投入商、产品制造商、销售商和各类配套组织机构。

因而结合产业集群和供应链管理两个理论范畴来看，出版企业供应链网络是由各类成员企业及其配套组织以一元或者多元供应链形态聚合而成的产业集群形态。下文我们将从关联范式、内部架构和关联关系三个方面来对其架构形式进行分析。

(1)出版企业供应链网络的关联范式

出版产业集群的运作既是节点企业协作的结果，同时更是供应链网络耦合的结果。其运作是在出版产业集群形成、发展和成长所根植的地理范围内，以契合出版行业发展状况最好的出版企业为核心，通过对出版行业运作所需各种有形和无形资源的有效衔接和重构活动，实现出版行业链上各不同阶段上成员组织价值链的重塑、虚拟和耦合。在出版企业间业务协作的动态进程中，根据支持网络平台中所包含出版企业供应链的种类及其相互间的业务嵌套关系状况，我们可以将产业集群地域内出版企业供应链网络的关联范式区分为一元和多元供应链网络。

一元供应链网络的关联范式是基于一个核心企业(一般为知名的出版社)为集群的经营向导，以该企业的核心竞争资源掌控能力为基础，通过知识扩散、品牌溢出和市场定位为基础来支撑出版企业供应链网络的整体运作，集群内部的造纸企业、印刷企业、装订厂商、图文制作工作室、仓储运输厂商、批发分销商、图书零售商等成员企业以该核心企业为经营导向，既按照自身与核心企业价值链的耦合关系来进行“耦合式经营”，同时又依据自身对市场环境和产业状况的合理判断来进行“独立式经营”。

相对于一元供应链网络而言，多元供应链网络则显得较为复杂，结合出版产业的经营特点来看，我们可以将其关联范式区分为两种类别：第一，内聚式多元供应链网络：在整个出版产业集群中有几个相对独立的核心企业共存，其中每个核心企业均衍生出自己的从属企业，这些从属企业均各自与自身的核心企业产生业务耦合关系，与其他核心企业及其从属企业在业务往来方面互不联系。第二，衍伸式多元供应链网络：在整个出版产业集群中有几个相互间存在业务耦合关系的核心企业共存，各核心企业的从属企业除了与其自身的核心企业进行价值链耦合经营之外，还积极与其他核心企业及其相关从属企业进行资源共享、信息沟通和业务协作。

(2)出版企业供应链网络的内部架构

产业集群背景下出版企业的供应链网络是由核心网络和支持网络构成的，通常核心网络是以核心企业为主导，在产业分工基础上，通过产业链上下游的延伸和拓展形成的。这个网络架构主要反映了出版产业集群背景下供应链的水平网络结构，表示出了从原材料供应商到制造商、分销商及顾客的物流、信息流和资金流的过程。而以政府机构、行业协会、教育培训机构、中介机构及金融机构等辅助服务部门为依托的支持网络则主要反映了出版产业集群背景下供应链的垂直网络结构，表示出了以服务供应链为关联形式的配套和支持组织的政策服务、信息技术服务和物流服务过程。我们把产业集群情境下出版企业供应链网络内部架构归纳如图 9-1 所示。

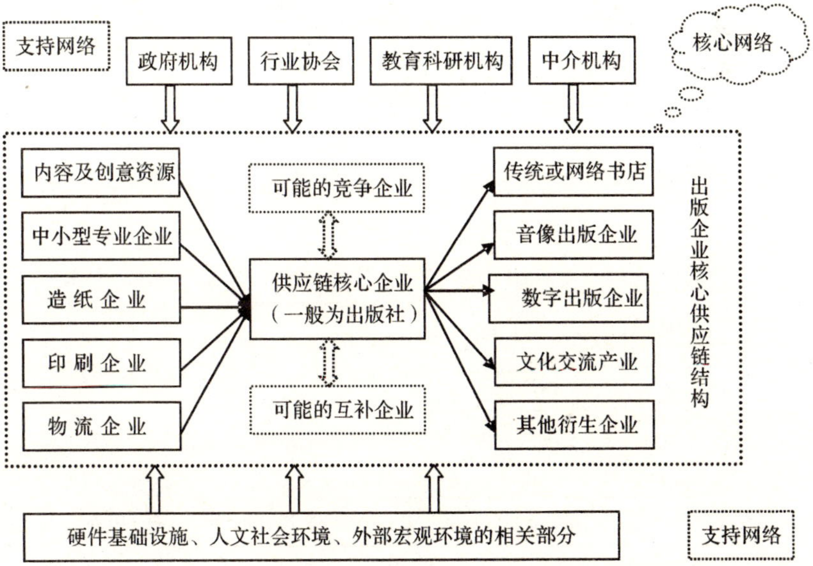

图 9-1 产业集群情境下出版企业供应链网络的内部架构图

(3)出版企业供应链网络的关联关系

结合出版产业集群的形成、发展和成长进程来看,出版企业的供应链网络关系主要包括两种,第一是核心网络中一元供应链网络内部"耦合式经营"的产品供应链关联关系以及多元供应链网络中从属不同核心企业的从属企业间"交互式经营"的产品供应链关联关系;第二是支持网络中辅助服务部门与网络内经营成员企业间的服务供应链关联关系。前文我们已经分析了第一种关联关系,此处我们主要探讨第二种关联关系。

第一,政策服务供应链:相对于一般类型企业而言,对出版企业来说政府在经济社会中的作用和地位决定了政策服务供应链的重要性。政策服务供应链是以政府机构为主导,由政策提供者、政策执行者及落实者组成。政策服务供应链是地方政府机构直接将政策下达给出版企业或者交付行业协会制定后再交付出版企业执行。

第二,信息服务供应链:行业协会、教育培训机构、中介机构及金融机构等辅助服务部门是信息技术服务供应链的重要参与者,他们负责为核心网络中各类企业的"耦合式经营"和"独立式经营"过程提供原始性信息搜集、整合性信息加工、决策性信息咨询等方面的信息技术服务,使得出版企业供应链网络能够随时处于高效运转的状态,从而有效改善出版企业供应链网络的竞争态势。

第三,物流服务供应链:因为在出版企业的业务经营过程中必然存在着采购物流、生产物流和配送物流需求,这些需求本身就存在着钩稽关系。伴随着出版业务流程的运转,原材料准备、信息设计、图书销售、各类媒介发布、市场信息整合等经营模块在供应链各主体之间进行流转,并以合理载体的形式被交付到市场上的最终客户手中。

我们把产业集群情境下出版企业供应链网络中的服务供应链关联关系归纳如图 9-2 所示。

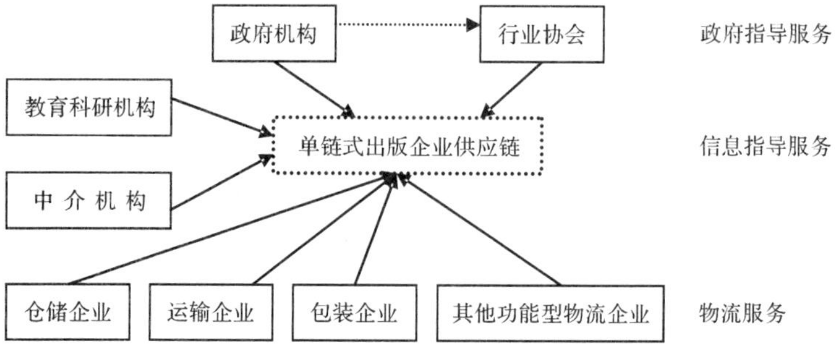

图 9-2 产业集群情境下出版企业供应链网络中的服务供应链关联关系

9.4 集群情境下供应链网络的集成效应

产业集群情境下出版企业供应链受集群地域的影响有着显著的集成效应，供应链网络中核心和支持网链上各类不同经营企业和服务组织的“耦合式经营”和“交互式经营”促进了集群经营“合力”的形成和强化，从而通过网络集聚实现产业集群地理范围内出版产业链的高效运转。归纳起来，产业集群情境下出版企业供应链网络的集成效应可以归纳为如下四个方面：

(1)经济效应维度特征

出版产业集群的形成、发展和成长过程都离不开集群地域中大量出版企业供应链的存在，出版企业集群化发展的过程中契合入供应链网络的作用，凸显出出版产业集群经营过程的经济效应。集群化发展和供应链运作从不同的维度导致整个出版企业供应链网络在运营过程中体现出明显的集聚经济效应。在出版企业供应链网络中，纸张制造厂、印刷厂商、装订工厂、图文设计公司、仓储运输企业、批发分销商、图书零售商等成员企业为价值链耦合关系所致的“经营优势溢出效应”所吸引而移向毗邻的地理区域内，这将导致产业集群内出版企业个体间空间距离的缩短，从而导致经营、运输、仓储等成本水平下降，使得产业集群地域内出版企业供应链呈现出经营成本递减的网络集聚状态。

(2)知识效应维度特征

产业集群地域中的出版企业供应链运作过程中必然伴随着知识的共享活动，这里的知识包括了技术知识、需求信息、供给信息、经营经验等等。由于地理位置的接近，这些类型的知识可以在供应链网络中进行快速传播，因此处于集群中的出版企业供应链网络就很容易获得研究开发、人力资源、信息等方面的外溢效应。在供应链网络内部，经营企业和服务组织间知识传递和共享的“粘滞效应”被减小和弱化到较低的程度。这种知识共享效应能够让动态的市场信息、最新的技术诀窍、关键的出版创意等专业性知识在核心网络和支持网络中进行及时性的和非失真的流动，从而保证整个出版企业供应链网络随时能够进行合理的出版内容研发、最终产品的形式和载体设计，以便有效适应出版行业的发展态势和最终读者的动态需求。

(3)竞合作用维度特征

出版企业供应链网络能够基于价值链耦合作用为较多数量的出版企业处于同一地理区域内进行竞争和合作提供保障和支持。在出版行业发展所需各种有形和无形经营资源的合理流动前提下,产业集群地域内多元供应链网络由于其毗邻特征,其相互之间的竞合作用会呈现出绩效显著性和影响持久性;并且在日常经营过程中最为常见的延伸式多元供应链网络结构会使得网络内部任一企业同时面临着自身供应链条以及其他供应链条上企业的竞合可能,从而导致供应链全体成员将最终读者满意作为自己的最高发展目标,通过成本领先战略(以更低的价格向读者提供相同品质的图书产品)或者差异化战略(在相同的价格水平下增加服务承诺、完善服务范式等措施)来满足读者需求。

(4)柔性效应维度特征

产业集群情境下的供应链网络,因其合理的出版业务专业化分工导致其整体的柔性效应凸显出来。为适应融入产业集群和嵌入供应链网络的需求,各个出版企业均相应地调整和重构了自己的组织架构和价值链结构,从而使得每个经营个体和一元供应链网络均能够致力于发展适合自身状况的价值链环节和业务类型,而将企业经营环节通过虚拟经营和战略联盟的方式进行整合,这样就能够将出版企业供应链网络塑造成为一个动态扁平的柔性结构,并有效克服传统经营状态下的"知识粘滞",这种柔性结构能够保证供应链网络很好地满足经营环境的变化和目标市场的异动。这种柔性作用能够使得产业集群内和供应链上所有企业个体均真正塑造完成适合自己和网络整体的组织架构,从而构建与最终客户(读者)的沟通、联系的管道,保证出版企业供应链网络的长足发展。

9.5 小结

本章探讨了产业集群情境下出版企业供应链网络的产生必然、形成机理、结构形式和运营特征。这些分析结论将对产业集群情境下出版企业供应链网络的科学设计提供理论依据和模式参考,同时这些思路的凝练也针对出版企业在集群范围内自身创新链网络的科学运作给出了切实可行的途径。因此本章的研究成果也就从供应链支持网络的角度针对出版企业创新链绩效的提升给出了诠释。

本章最后将从运作体系架构、信任机制构建和知识共享效应三个方面就产业集群情境下出版企业供应链网络的科学设计提出简要建议，这些可行性途径同时也能够针对出版企业创新链绩效的提升给出可资参考的思路。其具体内容如下：

第一，结合产业集群和供应链管理的相关理论，科学设计完成出版企业的创意资源研发体系、产品形式和最终载体设计、共享性信息支撑平台、客户服务和市场研究系统、集成性技术研发体系等。

第二，在产业集群地域范围之内处理好同一层次上供应链网络内部成员企业之间、不同层次上供应链网络之间、所有层次供应链网络与集群中支持和配套组织之间、游离在核心网络之外的不同类型组织之间的关系，从而真正形成和强化出版企业供应链网络的“经营合力”。

第三，架构出动态的知识关系平台，有效减少和弱化出版产业集群地域范围内供应链网络成员之间的“知识粘滞”现象，保证知识资源在供应链网络的运转中实现充分的“无缝链接”，从而使得出版供应链网络随时保持合理的“链网互动效应”水平。

10. 湖南省战略性新兴产业创新链案例研究——以衡阳市为例

10.1 衡阳市产业园区案例

(1)园区简介

目前,衡阳市共有省级以上产业园区 11 个,其中市本级有衡阳高新技术产业园区(国家级)、衡阳市综合保税区(国家级)、松木经济开发区、衡山科学城(衡山工业集中区)4 个园区,7 个县市各有 1 个省级园区,分别是衡南工业集中区、衡阳西渡高新技术产业园区、衡山经济园区、衡东经济园区、祁东经济园区、耒阳经济园区、常宁经济园区。

近年来,全市工业园区建设总体保持较快发展势头。园区面积不断扩大,“十二五”发展期间,各园区新建设面积 70 多平方千米,使全市园区总面积达到了 200 平方千米。园区基础设施逐步完善,截至 2015 年 5 月,全市工业园区累计投入 300 多亿元,年均增长 11.86%,园区水、电、路、讯等基础设施进一步加强,园区“三通一平”基本到位,基础设施和服务设施面貌明显改观。园区标准厂房建设快速推进。

衡阳市通过中博会、珠洽会等多种形式和渠道,积极招商引资。5 年来,共引进 445 家企业、2200 多个项目,其中引进 1 亿元以上项目 175 个,包括富士康、欧姆龙、中航、中兴网络、中国五矿、中国建材、共创光伏、中兴通讯、华南城等 20 余个世界 500 强企业和 30 余个国内 500 强企业及中字号旗舰企业,极大地提升了衡阳市工业园区的形象和地位,增强了园区发展的潜力。

目前,衡阳市园区初步形成了错位发展格局。各园区充分发挥自身优势,着力打造具有自身特点的特色园区,主导产业逐步明晰。11 大园区初步形成了先进制造业、新材料、电子信息、瓷泥、石材、食品加工业、制鞋业、输变电、盐卤及精细化工、有色金属深加工、生物医药、高端技术及研发总部等产业集群。其中,高新园区着力发展电子信息及现代先进制造业,松木经济园区突出打造盐卤化工及精细化工与新型能源产业,衡阳西渡高新区重点培育建材陶瓷、生物医药产业等。

各园区产业发展已经步入快车道,园区经济总规模已经占全市工业经济总量 2/3 以上,对全市经济发展产生了较好的示范性效应,产业集聚、产业链延伸、辐射功能显著增强,对全市经济社会发展的支撑带动作用日益突出。

衡阳市园区在企业自行处理污水、确保达标排放的基础上,兴建了松木工业园、衡东经济园区、耒阳经济园区、常宁经济园区 4 个污水集中处理厂,日处理污水能力 4 万吨以上,极大地提高了园区节能减排效果。

(2)园区创新链构建思路

全面实施"创新引领、人才强区、文化提升、区镇一体、民生优先、可持续发展"战略,在产业提升、开放创新、城市功能、信息化建设、低碳经济、公共服务、民生改善、文化建设等方面增创新优势,加快建设成为具有竞争力的高科技产业园区。

加快工业园区发展紧紧围绕"三大目标""三大任务"。以市场为导向,以企业为主体,发挥比较优势,突出区域优势,优化资源配置,加强自主创新,扎实推进节能减排,大力发展循环经济、生态经济,促进优势产业集聚发展,着力特色资源开发和建设,推进衡阳市向工业强市跨越。

坚持以市场为导向,以企业为主体,发挥比较优势,突出区域优势,优化资源配置,加强自主创新,大力发展循环经济、低碳经济,促进产业园区转型升级和优势产业集聚集群发展,推进衡阳市向工业强市跨越。

坚持解放思想,创新发展原则。创新发展理念,革新发展模式,积极探索有利于产业园区发展的体制机制,用足用好各项政策,促进产业园区健康快速发展。

坚持科学规划,坚持速度、质量与效益并重原则。按照"加速发展、加快转型、推动跨越"的要求,科学合理、适度超前地规划产业园区的建设与发展,努力实现质量、速度、结构和效益协调统一。

坚持产业聚集发展、集约节约用地原则。按照创业、创新、创优理念,做优产品、做强企业、做大产业;加快产业转型,延长产业链、拓宽产业幅、提高产业配套能力;加快工业经济由粗放型增长向集约型发展转变,推进产业集群、企业聚集、资源集约节约利用,提高园区投入产出效率。

坚持分类指导、突出产业特色。发挥比较优势,依托资源禀赋,采取灵活政策措施,引导产业园区分工协作、各有侧重发展,做大做强产业园区经济。

坚持创业、创新、创优理念，做优产品、做强企业、做大产业；加快产业转型，延长产业链、拓宽产业幅、提高产业配套能力；加快工业经济由粗放型增长向集约型发展转变，推进产业集群、企业聚集、资源集约节约利用，提高园区投入产出效率。

坚持推动生态优化，加快发展循环经济和低碳经济，着力推进节能减排和环境保护，努力形成资源节约、环境友好的生产方式、生活方式和消费模式，促进粗放型增长向集约型增长转变，实现经济效益和生态效益有机结合。

(3)园区创新链发展目标

坚持特色立园、产业兴园、科技强园。创新园区开发、管理模式，引进多元投资主体，加快园区建设，完善基础设施和公共服务体系。支持高新区发展，使之成为“投资环境的示范区、工业发展的重点区、科技创新的密集区、高新技术的孵化区”。

到2020年建成一批布局合理、产业优势突出、基础设施配套齐全的重点工业园区，形成公共服务设施高效利用、管理规范、服务优良、向外度与集中度较高的工业园区。努力构建以产业为先导、以服务为纽带、生态环境良好的工业园区发展体系，为提升衡阳市综合经济实力奠定坚实基础。“十三五”期间，实现工业园区经济总量显著增强，主导产业更加突出，空间布局更趋合理，特色产业快速集聚、规模效益整体提升以及生态环境更加优化的发展目标。

到2020年，衡阳市建成一批布局合理、产业优势突出、基础设施配套齐全的重点工业园区，形成公共服务设施高效利用、管理规范、服务优良、向外度与集中度较高的工业园区。重点培育衡阳高新区和常宁经开区2个1000亿级园区，大力建设衡南、衡山等9个100亿级园区，将衡阳高新区、衡山科学城、松木经开区、常宁经开区建设成为国家级新型工业化示范基地。全市各类工业园区工业增加值占全市规模以上工业增加值的比重达到80%及以上，县市工业园区工业增加值比重占县规模以上工业增加值的比重达到50%及以上。全市园区技工贸总收入年均增长8%以上，期末达到7000亿元以上；全市工业园区建成区面积超过100平方千米；期末园区工业增加值达到3000亿元以上；固定资产投资年均增长20%以上，五年累计达1000亿元以上；上缴税金年均增长10%以上，期末达到300亿元左右；园区内融资到位资金年均增长30%以上，五年累计万元GDP能耗下降12%，主要污染物排放总量累计减少8%。市直属省级园区的投资强度达到2400万元/公顷，县市区直属省级园区的投资强度达到1500万元/公顷，各级园区每公顷土地实现工业增加值600万元以上。

（4）园区创新链发展定位

为实现衡阳市工业十年“双倍增”的发展目标，按照“一区多园”产业布局，重点打造“高新区”和“经开区”两个园区品牌。其中以“高新区”统辖现高新区、白沙工业园、衡山科学城、西渡高新区、南岳机场等园区，重点发展电子信息制造、移动互联网、生物医药、临空产业、工业机器人等产业；以“经开区”统辖常宁经开区、松木经开区、衡山经开区、衡东经开区、耒阳经开区、衡南云集经开区、祁东经开区等园区，重点发展高端装备制造、盐卤化工、有色冶炼、钢管、新能源、新材料等产业。

第一，重点打造千亿级核心产业基地。

衡阳高新区白沙园。重点发展电子信息产业，依托富士康、欧姆龙、共创光伏等龙头企业，延伸电子信息制造链条，扩展制造门类，打造国家级新型工业化示范基地（电子信息）。辅助发展汽车零部件及电力装备制造业。

第二，努力培育新兴产业孵化功能区。

高新区的衡山科学城。重点发展移动互联网和生物医药产业，重点支持移动电商、位置服务、本地生活、行业APP、动漫游戏等移动互联网产业、血液及生物制品、健康保健服务等生物医药产业的发展。

高新区的白沙园。培育发展工业机器人产业，重点开发满足用户需求的工业机器人系统集成、工业机器人主机设计及其核心基础部件制造业。

高新区的临空产业园（南岳机场）。积极培育发展临空产业，加快空港物流园建设，大力发展空港保税加工，探索区域跨境电子商务发展模式，推动跨境电子商务平台建设。以南岳机场通航为契机，把衡南南岳空港区建设成中部地区重要的临空产业基地。

经开区的松木园。打造新材料、新能源等产业综合类园区，重点发展化工新材料、新型无机非金属材料、电子信息材料等新材料产业；重点发展太阳能光伏、储能及动力电池以及生物质能装备等新能源产业。

第三，加快建设特色产业集聚区。

衡阳高新区，重点发展总部经济、科技与金融服务业和科技创新平台。

松木经开区。大力发展太阳能光伏、储能及动力电池等新能源产业，重点发展盐卤化工、化工新材料、氟氯精细化工，打造国家盐卤化工和氟氯精细化工产业基地。

云集工业集中区。重点发展发动机、机油泵、电子控制系统，车载电子、变速箱、车桥、轮毂等汽车零部件产业，打造中部地区重要的临空产业基地。

衡东经开区。以高端装备为重点,大力发展建筑机械、工程机械、农业机械等机械装备制造业。

衡山经开区。重点发展新能源汽车及新型储能电池,打造国内重要的汽车零部件和专用车生产基地。

耒阳经开区。重点发展先进装备制造、新材料和新能源产业。

祁东经开区。重点发展重型装备、机械制造等高端装备产业,辅助发展有色金属冶炼产业。

西渡高新区。重点推进生物技术药、化学药、现代中药为代表的生物医药产业的发展,发展智能装备制造等,生产数控机床、木工机械和橡胶橡塑机械等产品。

第四,引导发展特色县域工业集聚区。

衡阳县。依托西渡高新区,重点发展以中药材、血液及生物制品、化学药为代表的生物医药产业,积极发展以农机、汽车零部件为代表的装备制造业,稳步发展以陶瓷、服装制鞋为代表的轻工业。

衡南县。依托南岳机场和衡南云集现代物流园,重点发展以空港物流、保税加工及跨境电子商务为代表的临空产业和以仓储、货运为代表的现代物流业;依托衡南工业集中区的电子产业园,重点发展以动力电池、光电器件、超级电容器等新兴电子产品为代表的电子信息产业。

衡东县。依托衡东经济园区,加快传统产业转型升级步伐,绿色发展有色金属冶炼及压延加工业和化工医药业,培育发展机械装备制造业,同时,稳步发展服装鞋帽、陶瓷、水泥等轻工业和建材业。

衡山县。重点发展汽车电子新材料和汽车内装材料等相关零部件产业的发展;在信息服务业和移动互联网领域,重点发展数字内容、移动云服务等信息技术服务业,搭建智慧旅游、智慧农业等信息服务平台。

祁东县。依托归阳工业园,重点发展重型装备、机械加工等装备制造业。

耒阳市。依托蔡伦科技园,重点发展以光伏为代表的电子信息产业和以蓝宝石为代表的新材料产业;依托循环经济园,绿色发展有色金属冶炼产业;依托哲桥精美制造园,培育发展以农机、汽车零部件、铁路设备等为代表的机械制造产业;积极发展以果糖、海藻糖、茶油、粉皮等为代表的生物健康产业。

常宁市。围绕水口山有色循环经济园,重点发展金铜、铅锌的有色冶炼化工产业和循环经济产业;依托宜阳工业园,特色发展以鞋帽制衣为代表的轻工纺织业和以油茶为代表的食品加工业。

南岳区。为适应南岳旅游经济转型升级的需要，大力发展旅游工艺品产业，积极建设南岳旅游产品创意园。

(5)园区创新链发展工程

第一，衡山科学城科技创新示范区建设工程。加快发展电子信息、生物医药、精密制造及相关生产性服务业。实施创新创业孵化区（一期）、高端制造区等六大工程，在全市建设3—5处配套产业基地，到2020年形成拥有200家以上中小企业的特色产业集群，培育5家产值过100亿元的电子信息企业、10家上市企业，实现技工贸收入550亿元、财政收入30亿元，努力打造衡阳科技创新示范区、总部经济集聚地、高端制造发动机、改革转型试验田。

第二，创新平台建设工程。建设以衡阳国家高新技术产业园区为重点的科技创新园区，形成比较完善的公共科技资源共享机制和服务体系，增强衡阳创新驱动发展新支撑。新建国家企业技术研发中心10家、省级企业技术研发中心30家，新增省级以上工程技术研究中心20家，省级以上重点实验室15家，新建省级以上产业技术创新战略联盟10家，培育10个省级以上重点技术创新团队。

第三，创新人才培育工程。到2020年，培育和引进高新技术产业领军人才和学科带头人50人以上（千人计划1人以上），研发人员总量达到6万人，总体规模居全省前列，专业技术人才30万人以上，建成全省重要的人才高地。

第四，新兴产业提升工程。围绕先进装备制造、电子信息、生物医药、新材料、新能源、移动互联网、临空经济、现代物流、健康养老、文化产业等领域，着力推进50个重大项目建设，培育壮大20家龙头企业。

第五，产业集聚发展工程。按照“建链、补链、强链”的要求，加快引进一批龙头企业、补位企业和关联企业，延长充实产业链，促进产业集聚集群发展，增强发展实力。到2020年，将电力装备、汽车零部件、矿山冶金装备打造成2000亿高端装备制造集群，将电子信息制造、核能装备制造、有色冶炼等打造成千亿产业。

第六，产业园区发展工程。依托市直“两区一园一城”和7个县域产业园区，推进“135”工程实施，完善园区水、电、路、气、讯及标准厂房等设施及公共服务，到2020年，全市园区建成新增标准厂房500万平方米。明确功能定位，优化产业布局，培育壮大主导产业，加快园区向特色化、专业化方向发展，提升发展竞争力。到2020年，打造白沙工业园、常宁经开区2个千亿园区，园区规模工业增加值占全市规模工业增加值比重达到80%。

第七，开放平台建设工程。打造一批专业化、特色化承接产业转移示范园区，完善港口、码头、机构等口岸功能。建设一批园区金融中心、经贸会展平台、商会行业协会平台。推进综合保税区建设，建立健全虚拟口岸服务平台、电子商务平台、国际物流服务平台、"一站式"政务服务平台、信息服务平台，到 2020 年保税区进出口规模达到 100 亿元。

第八，产业承接升级工程。围绕装备制造业、生物医药、新材料、新能源、现代物流、生产性服务业等，加快引进一批技术密集型、资本密集型企业。围绕对接国际先进发展理念，借鉴世界一流管理经验，加快引进一批世界 500 强企业。

(6)园区创新链发展的具体举措

第一，推进基础设施建设。

严格规划控制，在现行滚动开发模式的基础上，充分发挥规划在经营城市、提高效益方面的基础性作用，合理划分衡阳市各产业园区功能区域。引导相关企业集中布局，先期拉开路网格局，大力推进组团式开发，重点抓好产业园区道路开通硬化。按照经营城市、聚焦产业园区的理念，加大产业园区市场化运作力度。

强化土地集约利用，鼓励入园企业建造多层厂房，最大限度地提高土地产出效益。合理确定工业用地与经营性用地的比例，切实加强土地储备，高度垄断产业园区土地一级市场。实行分类供地制度，根据工业用地、物流用地、商贸用地确定不同的供地价格和方式。全部经营性用地严格实行挂牌拍卖，实现土地资产的效益最大化，降低园区开发成本。土地开发要由外延式开发转向集约式开发，合理利用每一寸土地，全面提高单位面积的项目投资密度和产出率。

第二，进行有针对性的招商引资。

积极以各产业园区主导产业规划为招商引资的标准，开展多形式的招商活动，继续敲门招商，尝试与专门的中介公司签约招商，逐步从政策招商转向产业招商。立足于"知名企业、三高企业、500 强企业"的引进。各产业园区应当根据本地资源和产业优势，积极承接国内外产业转移，突出发展特色产业，打造特色产业链条，使其不断拉长、加宽、增厚，增强产业招商优势。

在招商引资上应在加大产业招商的同时，进一步拓展招商引资领域，积极寻求、创造与境外客商合作开发建设的条件，力争在 2—3 年内引进外资合作或合资项目实现"大"突破，让各产业园区招商引资工作向更高层次、更广领域延伸发展。在实际运作过程中，可以利用企业优势，吸引上下游配套企业;也可以利用产业优势,吸引集群式投入;还可以利用地缘优势,实行区域招商等。

第三,明确功能定位,优化产业布局。

调整和整合现有工业园区,科学定位园区功能和主导产业,引导园区逐步实现产业差异化、内涵集约化发展,避免“工业围城”。加快发展县域经济,按照发挥优势、产业互动、城乡共融的发展思路,依托县域比较优势和城市产业辐射,拉动县域经济发展。结合“三旧”改造,实施衡阳中心城区“退二进三”工程,推进制造业向城市中心区外围的县、镇转移。

各产业园区的布局为:市高新技术园区着重发展先进装备制造、电子信息和生物医药等战略性新兴产业;松木工业园突出发展新能源、新材料、盐卤化工及精细化工,建设清洁生产试点园区,争创国家级循环经济工业园区和新能源示范产业园区;白沙洲工业园重点发展先进装备制造、光伏及电子信息、现代物流等产业,打造“两型社会”建设示范区。各县市经济园区错位发展三大产业,其中衡南经济园区重点发展现代物流、机械制造、新材料等产业,西渡经济园区重点发展新型建材、生物医药、机械制造、制衣制鞋、农副产品深加工等产业,衡山经济园区重点发展交通运输设备制造、造纸、建材化工等产业,衡东工业园区重点发展机械制造、冶炼、化工等产业,祁东经济园区重点发展农副产品深加工、新能源、铁矿采冶及加工、家具等产业,常宁水口山经济园区重点发展有色金属开采和加工、化工等产业,耒阳经济园区重点发展健康食品加工、电子信息、机械制造、新材料等产业。

第四,打造产业集群,延伸产业链条。

提供各种优惠政策和条件,鼓励工业企业向工业园区集中;大力推进工业向园区集聚,新建工业项目一律入园区发展,投资规模较小的项目一律入驻标准厂房,支持老城区企业“退城进园”,加快搬迁环境敏感区的冶炼、化工等污染企业,鼓励各城区、骨干龙头企业在工业园区建设“园中园”和特色产业基地,引导产业相似、技术相近、延长产业链或利于协作配套的中小工业企业向相应的园区聚集。

支持企业参与3+5城市群产业协作和竞争,积极承接东部沿海地区产业转移。以延伸机械、食品、化工、有色金属和钢铁等特色产业为核心,积极发展机械制造、生物医药、电子和酒类制造等产业,力争成为湖南3+5城市群中现代装备制造基地、盐卤化工及精细化工基地、矿产品开发和加工基地、新型能源基地、食品加工基地、现代物流基地。

围绕钢铁冶炼及管材深加工、输变电制造、有色金属冶炼、盐卤加工、汽车及重点配件五大重点产业以及与老百姓息息相关的旅游、建筑、运输、服务行业，通过引进战略投资者，实施"挂大靠强"，加快发展产业集群。以骨干企业为龙头，依托中小企业，延伸壮大产品链条。实现产业对接，开发上下游的关联产品，配套生产上下游产品，引导基地骨干企业围绕特色资源、特色产业做大特色产品群，拉长产业链，增强整体竞争力，推进产业集群集聚。

各园区中代表性的战略性新兴产业链条有：

①电子信息制造业

积极承接沿海地区电子信息制造业转移，围绕电子阅读器、车载移动终端、互联网电视和可穿戴设备，通过多元化招商手段，大力引进规模大、效益高、技术与设备先进的知名品牌及代工企业，并通过加强劳动资源供应和物流系统建设，帮助企业降低成本，快速扩大规模。充分利用龙头企业的渠道拓展能力和产业链整合能力，带动上下游配套企业的集聚发展，强化产业链协调发展，加强上下游产品之间的交流合作和互动，不断拉长和完善产业链条。

以衡山科学城为依托，建设可穿戴设备创新创业孵化基地，设立500万元创客共赢基金，为可穿戴设备领域的中高端创业团队提供种子基金和天使投资；发起可穿戴设备创业大赛，提供专业的创业培训、技术孵化、产业链培育等服务，打造集培训认证、赛事活动、就业实践、精品运营、风投撮合等为一体的一站式服务的创新创业孵化平台。

②先进装备制造业

在电力装备领域，依托衡阳国家输变电装备高新技术产业基地，重点提升特高压输变电(1100KV)装备、电网调配自动化集成系统、智能电网监测系统、电网调度系统、电力通信系统的研发设计能力。在汽车零部件领域，加强对发动机、变速箱、离合器、制动器等关键部件及其模具的研究，开展零配件新材料及新工艺开发、新型汽车电子以及安全系统的技术攻关，加强对中高端轻型越野汽车驱动桥新产品开发试验技术的开发或引进，研究试验台中实际工作状态的模拟技术，并进行模拟装备开发。

在电子装备领域，紧抓便于范围内智能电网、坚强电网的建设契机，在做大做强输变电装备的基础上，向配用电环节延伸，培育发展智能化高压开关设备、配电自动化装备、智能电表、综合自动化电源柜、多功能节电器、微网能量管理装备、节能稳压器、智能反窃电装备、无功补偿装置等电力装备制造。在矿山及冶金装备领域，通过整合资源，扶强扶专，完善和延伸煤矿综采设备、选矿设备的产业链，着力解决产业发展"散、小、差"问题，形成各具特色的高度社会化分工、专业化协作的配套体系。

③生物医药产业

推广标准化、规范化中药材种植基地。根据各区县的地质，种植适合的中药材，打造符合国际标准的中药材生产基地，为现代中药产业发展提供原料保障。同时，科学合理规划用地，建设规模较大、功能齐全的生物医药产业园，促进衡阳生物医药相关企业集聚，吸引大企业落户。

围绕重点发展领域，引进生物医药大型企业集团，加强与国内外生物医药领域重点科研机构联系，寻求合作机会。通过招商引资，快速拓展衡阳生物医药产品品类，提升产业总规模。

建立包括活性筛选、药物评价、安全性评价、药代动力学研究、药剂学研究等在内的技术服务平台，建立包括知识产权服务、CRO 平台服务、生物医药 EDC 等在内的信息服务平台，建立包括活性、中试实验室、GMP 车间、GLP 实验室等在内的行业公共服务平台。

④新材料产业

松木经开区重点打造高性能氟材料等化工新材料、特种玻璃和新型建材等新型无机非金属材料、电子信息材料生产基地，衡东县重点打造硬质合金材料生产基地，常宁市重点打造铜、铅、锌等有色金属新材料生产基地，衡南县重点打造高性能氟材料、硬质合金材料生产基地，白沙工业园重点打造新型绝缘材料生产基地。通过优化功能布局，推进各项资源及创新要素向重点产业基地集聚，培育龙头企业、打造知名品牌，最终建设成为国内领先、有国际竞争力的新材料产业基地。

加快对以下项目的研发：有色金属新材料领域中用于印刷电路板的高性能铜箔、用于集成电路引线框架的高端电子铜带，用于铅酸蓄电池板栅和导电零件的铅钙合金；高性能氟材料领域中的高档聚四氟乙烯等含氟聚合物、含氟农药等含氟精细化学品、电子级氢氟酸等含氟电子化学品；新型绝缘材料领域中的电工聚酯薄膜、电容器用聚丙烯薄膜；硬质合金材料领域中的超细超粗钨粉、高精度硬质合金涂层刀片。推进新材料技术在研发、转化、产业化等环节的有机衔接，重点发展用于满足衡阳本地电子信息产品制造、电力装备制造、新能源、生物医药等产业的新材料产品，并追踪我国高端装备、新型电子元器件、新能源等新兴产业对新材料的旺盛需求所带来的市场机会，拓宽新材料应用领域。

关注传统领域的新技术、新材料的进展，推动传统基础材料向高端升级。以产业链关键技术突破为目标，抢占产业链高端环节。通过高新技术产业化和创新能力建设，实现传统材料功能提升和性能改进，争取重点领域的跨越式发展,实现做大做强、做专做精的战略目标。

⑤新能源产业

统筹规划新能源产业集聚区,以白沙工业园区、湖南松木经开区为重点,优化新能源产业布局,白沙工业园重点发展太阳能光伏,引进国内国外实力居前的光伏组件企业和太阳能终端电站企业;松木经开区重点发展新型储能产品、生物质能源,引进国内技术领先的动力电池、储能电池企业,完善产业链,促进产业集聚发展。

以示范项目带动企业发展。一是太阳能光伏发电示范应用。加快衡阳市国家新能源示范城市和分布式光伏发电规模化应用示范区申报工作;依托俊虹置业建设衡阳100MW太阳能光伏电站及光伏产业园;依托共创光伏,建设衡阳商业步行街1.17MW和共创光伏产业园1.49MW太阳能光伏电站及光伏产业园;依托共创光伏,建设衡阳商业步行街1.17MW和共创光伏产业园1.49MW太阳能光电建筑一体化应用示范项目;依托岱朗,建设湖南岱朗光电产业园2.17MW光电建筑应用用户侧并网发电示范项目;依托特变电工,建设特变电工用户侧光伏发电项目;实施分布式天然气发电项目;推广太阳能热水器、太阳能节能路灯。二是生物质能示范应用。在祁东、松木经开区等地建设一批生物质发电厂。重点支持理昂生物发电1×20MW生物质发电项目,凯迪生物发电4×12MW生物质发电项目。新建户用沼气池4万户;大中型沼气工程180处;养殖小区沼气工程和联户沼气工程1800处;养殖小区沼气工程和联户沼气工程1800处,供气农户6万户。到2020年,生物质发电达200MW的规模。

以中核为龙头,南华大学、二七二厂等为支撑,突出核燃料循环利用,加快实施铀纯化核能级转化、氧化锆、铀氢氟化、核素药物开发等重大项目,带动核能应用、核技术应用和工业配套等产业发展。以中建材、共创光伏、恒飞电缆、衡阳真空机电设备有限公司、岱朗光电、湖南俊虹置业股份有限公司、特变电工、衡阳白沙洲开发建设投资有限公司为依托,创新发展光伏材料加工设备和太阳能建设。做大共创集团硅基薄膜太阳能电池、瑞达电源铅极板及储能电池、电科电源二次充电电池产业化生产基地、神州科技大功率镍氢动力电池等企业及项目。重点支持美奥特承担的年产20万吨生物质成型燃料和年产10万台生物质能源转换设备生产线,衡锅锅炉承担的年产1000蒸吨燃生物质锅炉技术改造,大成锅炉承担的生物质锅炉技术改造等项目建设。整合现有新能源领域技术资源,将新能源的科学研究、技术开发及产业化纳入各类发展规划。支持南华大学等高等院校新能源及关联领域的重点学科建设,鼓励科研机构、企业与高校联合建设新能源人才培养基地，大力培养新能源领域创新型、实用型和技能型人才。围绕产业链关键技术研发，搭建创新平台，完善产学研合作机制，掌握核心技术，跟踪前沿技术，提升新能源产业持续创新能力。

⑥移动互联网产业

紧抓“智慧衡阳”建设契机，完善基础网络和移动电子商务、移动公共服务、移动内容服务、移动云服务等基础平台建设；依托“智慧衡阳”示范项目促进移动互联网产业布局和聚集，着力引进一批龙头型、基地型移动互联网企业入驻和布局；重点引进移动电商、LBS位置服务、本地生活服务、行业APP应用、动漫游戏等相关企业，将其打造成为国内知名的移动互联网产业基地。

推进“衡山科学城”建设项目。强化载体建设，落实“两区三圈”（两区，指衡阳市的“智慧谷”和衡山县的“健康谷”；三圈，指分别建设商务服务圈、科技创新圈和现代工业圈）的建设规划，强化对产业发展的承载能力。将其打造成为中部地区移动互联网科研创新、人才聚集，科技专利成果集中，科技创新平台齐全，科技孵化体系完善，科技创新企业和互联网特色创新服务企业茁壮成长的重要基地。

构建“硬件＋软件＋内容＋服务”的产业生态。瞄准行业前瞻发展趋势，重点强化以安全服务、移动支付、LBS位置服务、移动游戏等的应用软件开发，重点发展移动电子商务、移动公共服务、移动内容服务、移动云服务等增值服务，发展和推广面向网络通信、卫星导航、数字家庭、电子政务、城市管理、医疗健康、教育、交通、金融、物流、安防等行业应用。以提升衡阳移动互联网产业个人和行业应用服务为核心，从而构筑“硬件＋软件＋内容＋服务”的产业生态的综合性产业集群。

⑦工业机器人产业

推动工业机器人在重点行业的应用示范。鼓励衡阳重机、恒天九大等传统装备制造业和劳动密集型企业结合自身工艺技术装备开展智能化升级改造，促进智能制造与工业机器人的融合发展。以焊接、装配、搬运、激光加工机器人产品为重点，在工业机器人用量大、劳动强度大的矿山机械制造、汽车及其零部件制造、有色冶炼等行业，选择一批重点企业，实施工业机器人的应用示范。

实现工业机器人系统集成技术的突破。结合矿山机械、汽车制造、电子信息制造等重点领域的用户需求，鼓励机器人智能搬运系统、伺服焊接系统、涂胶系统、滚边系统在集成应用和试验检测环节实现技术突破。重点发展焊接机器人的焊缝跟踪技术、专用弧焊电源技术、遥控焊接技术，装配机器人的自动化装配线及其周边配套设备的全线自动通信和协调控制技术，搬运机器人操作结构优化技术和控制技术，激光加工机器人高功率激光远程加工和柔性制造技术等。

⑧临空产业

空港保税加工领域，扩展衡阳综合保税区功能，设立空港出口加工区和保税物区，与衡阳综合保税区统一管理和运作，提供海关检查、保税服务、口岸物流、保税物流、出口加工功能。重点发展电子信息终端产品加工装配环节、高端装备零部件的生产环节、生物医药产业的终端生产环节等临空高技术产业的加工贸易，以及特色农产品的精深加工环节；为空港出口加工区内企业提供保税物流业务，包括保税货物存储、综合集拼、国际采购、国际分拨等业务；开展推广实施 VMI(供应商管理库存)和零库存服务，为周边的加工贸易企业提供全面供应链管理服务。

提升综保区服务保障能力。拓展保税物流功能、争取开展研发、检测、维修业务试点；打造国内通关简便快捷的口岸服务平台，采用“一次申报、一次审单、一次查验”模式，建立“电子申报、电子审单、电子监控、电子通关、电子放行”流程，提供 24 小时全天候通关服务；建立海关、国检、工商、税务和综保区管委会统一通过联席会议协调，及时解决；搭建由微信、微群和手机报构成的微信平台，通过“微政务”安排部署、指挥调度和督查反馈，减少政令下达和信息反馈的中间环节，提高服务群众和企业的能力。

第五，加大技术改造力度，提高创新能力。

一要引导跨国公司与企业集团建设一批以技术创新和高新技术产品开发为重点的研发中心，引进和培育一批具有核心竞争力的独立研发公司，建设一批技术创新公共服务平台；鼓励企业积极创建国家级企业技术中心、工程技术研究中心和重点实验室，加速工业化和信息化深度融合，强化关键共性技术引进与攻关。

二要鼓励企业在世界范围内寻求和运用新技术、新工艺、新材料、新装备改造提升现有产业，开展产品形态创新、产品品质创新、制造工艺创新、商务模式创新、组织管理创新，提高资源能源利用效率，增加产品的技术含量和附加值。鼓励企业大幅度增加技术开发经费的投入，对企业自主创新投入的技术开发费用实行加计扣除，支持和鼓励企业强化品牌意识，积极申报专利，鼓励企业采用国际、国内的新技术和标准，支持企业建立产学研战略联盟。

三要鼓励企业与国内外高等院校、科研机构通过成果转让、委托开发、合作开发、共建技术开发机构和科技型企业实体等多种形式组建产学研战略联盟，支持和鼓励衡阳钢管、衡阳特变、星马重汽、中钢衡重、建滔化工、天雁机械等行业龙头企业与国内外同行业企业进行专利技术、核心技术、技术标准的交叉授权许可。

四要抓好科技进步，形成动力强劲的推进机制。要加快产品研制开发，重点围绕装备制造、高新技术、医药产品等技术含量较高的产业，开发新技术、新产品。要加快科技成果转化，鼓励企业引进和使用新技术成果，鼓励在衡科研院所的科技成果在市内优先转让。要加快先进技术的引进，大力引进发达地区的装备制造技术和电子信息技术，改造产业装备，提升产业技术层次。推进产业技术联盟建设，形成产学研相结合的协同创新队伍，积极承接国家科技重大专项和国家科技计划项目，研发形成国际领先的科技成果并实现产业化。

五要进一步完善创新投融资体系。不断完善股权投资、科技金融政策和服务体系，建立以政府科技投入为引导，企业、社会投入为主体的市场化创新投融资体系。鼓励、扶持具有潜力的科技企业上市融资，拓宽资本运作平台。健全信用担保体系，完善担保代偿评估体系，建立自主创新企业信用档案和信用管理制度，探索开展知识产权质押贷款、股权质押贷款、应收账款担保贷款、信用保险和贸易融资等多种融资模式，推动中小企业信用担保体系发展，营造有利于中小企业加快发展的良好外部环境。

六要引进培养创新战略所需的科技人才。实施“不求所有，但求所用”的科技人才招引战略，大力引进和培养创新型科技人才、科技领军人才和创新团队，建立人才培训机制和良性有序的流动机制，既要为科技人才提供较好的物质生活条件，更要为科技人才展示才华提供发展平台，以政策留人、以项目留人、以事业留人，充分调动广大科技人员的创新积极性。

七要开展创新型企业试点工作。建立省创新型企业试点专项计划，每年选择一批符合条件的企业进行试点，对试点企业创新能力建设项目给予重点支持，使之成为具有自主知识产权和自主品牌、创新能力和核心竞争力强的技术创新示范企业。聚焦园区重点支持的产业领域，加大成熟产业化项目和区域总部项目的招商引资力度，建立动态管理机制和重点企业领导挂钩联系制度，加快提高企业自主创新能力和引进消化吸收再创新能力，推动企业跨越式发展。

第六，推进集约发展，加速产业转型升级。

按照产业配套原则，各园区实行统一规划，整体开发，集中建设公共设施和基础设施，提前做好“三通一平”，筑巢引凤。从招商的源头入手，吸引占地少、科技含量高、附加值高的项目，分门别类把好准入关，有选择性地选取项目进园,提升衡阳工业竞争能力。

一要提高土地集约水平。第一,结合新城镇、新农村建设,用活政策和土地资源,通过开发未利用土地、挖潜存量建设用地、开展城乡建设用地增减挂钩等途径解决建设用地问题,对产业集群龙头企业重点建设项目用地给予重点保障。第二,鼓励有条件的产业集群区要节约用地,积极建设标准厂房,进行公开出让或出租,解决企业用地困难,缩短建设周期。对多层标准厂房建设和利用情况较好的园区,帮助争取省园区集群发展专项资金的支持。争取更多的重大产业项目列入省级以上重点项目,以不占用地方土地指标。第三,市、县(市、区)每年新增的建设用地指标,优先向园区特色产业集群项目倾斜。市里预留一定的用地指标,专用于解决全市重大产业集群项目建设用地的不足。对"圈而不建,开而不发"的企业或项目要依法收回土地使用权,进行二次招商。

二要大力发展战略性新兴产业。突出培育富士康、中兴网信、欧姆龙等龙头企业,培育出一批具有导向性的优势企业,显著提升衡阳市电子信息制造业在湖南及全国的地位。以中核为龙头,南华大学、272 厂等为支撑,突出核燃料循环利用,加快核能应用、核技术应用、和工业配套等产业发展。利用丰富的硅矿产资源,引进战略投资,实现硅材料应用的突破。扶持湖南理昂再生能源电力有限公司等环保能源企业,加快发展生物质发电。充分发挥新材料的资源优势,加快推进新材料科研成果产业化进程,建设新材料产业体系。支持国药集团、紫光古汉、帝斯曼等核心企业和骨干企业的发展壮大,加快研发具有自主知识产权的新产品,逐步形成中药材种植—药品生产加工—医药器械制造—药品销售的产业链条,并以之带动产业链内其他配套企业的发展。

第七,实施循环经济,建设绿色园区。

建立节能环保评审制度,抬高入园门槛,杜绝高污染、高能耗项目入园。对于两园一区,所有进入园区的企业都要求"一大二高三低"。"一大"主要是指引进企业规模相对较大,以此形成产业大循环。"二高"即高新技术、高附加值。"三低"即低能耗、低污染、低成本。入园企业都要经过环境影响、资源消耗、生产效益等评估,能耗高、污染大、环保达不到标准的企业和项目,都应被挡在园区之外。逐步形成园区低碳发展模式,争创国家低碳工业园区。探索建立国家生态示范工业园区,努力降低废物排放。掌握和攻克一批安全生产、循环经济核心技术,建成一批具有全局性、带动性的示范项目。重点抓好大中型工业企业废水"零排放",大幅度降低电力、有色金属、冶金、化工等行业的二氧化硫排放量。

大力推行节能降耗。认真贯彻国家有关产业政策和发展规划，严格限制高消耗、重污染产业的发展，防止盲目扩张和低水平重复建设，优化产业布局，依法关闭严重浪费资源、污染环境的“五小”企业，重点抓好有色金属、冶金、水泥、化肥、造纸、纺织等高能耗产业的节能降耗。要大幅度提高资源综合利用效率。以“减量化、再利用、资源化”的原则，坚持立足于节约资源、保护环境，抓好节能降耗和资源循环利用，积极推进清洁生产，引导企业走上低投入、高产出、低消耗、少排放、可持续性发展的路子，努力加快推进衡阳市新型工业化进程。重点抓好对矿产资源、煤矸石、粉煤灰、化工废渣、冶炼废渣的综合利用工作。

(7)“政产学研用”协同背景下园区创新链发展的支撑平台

第一，园区土地规划及集约使用。

通过编制科学的建设规划来合理确定用地结构。产业园区作为工业经济发展的平台，要以工业用地为主，确保工业用地率达到国家规定的指标；同时配套建设商服、居住、公共管理与服务、交通等设施，为各产业园区的健康、持续发展服务。园区企业用地坚持占地最小化原则。根据资金实际到位和建设进度实行分期供地制度，在综合考虑容积率、建设密度、投资强度、行业、就业等因素的基础上确定项目占地面积。

工业项目用地投资度必须达到国家建设项目用地控制指标。在建设项目审批、项目用地预留、供地审查时，依据规定的行业、产业用地控制指标及单位面积的投资强度等因素，综合确定建设项目供地数量。园区除投资强度控制外，还应提出其他各项控制指标，比如环保指标和技术要求等。

建立园区用地动态跟踪管理档案，对园区建设用地使用情况动态巡查。同时建立预警提醒机制，对将到约定开竣工时间尚未开工、竣工的项目，提醒用地单位及时履行合同约定。定期评价土地集约利用水平，对用地企业上一年度项目实施缺口进行复核评价，形成土地资源节约集约年度评价报告。

第二，大力招商引资。

建立和完善市场主导、企业主体、政府服务的招商引资机制。制定并落实优惠政策，鼓励外来投资者参与国企改革、投资兴办企业。大力开展网上招商、顾问招商、企业对口招商、委托国内外专业中介组织招商等方式，积极推进国内外知名品牌、龙头企业的引进，推进产业链招商，提高招商的辐射面、层次与成功率。

面向全球经济，进一步扩大开放合作。加大引进力度，引进一批国内外知名品牌企业、行业龙头企业，促进园区产业与产品优化升级；积极推进园区产品质量国际认证，大力发展出口；通过优势资源开发，吸引技术水平高、增值含量高的加工制造环节、研发机构和战略伙伴入驻园区参与重点产业开发，拓展与东盟国家的经济技术合作，促进园区产业结构优化和技术创新。

第三，改善融资环境。

各商业银行和信用社应当积极开发适应中小企业发展的金融产品，为中小企业提供信贷、结算、财务咨询、投资管理等方面的服务。对资本金已足额到位的内、外资企业，可以采取资产抵押等担保方式提供合理的固定资产贷款。对经过认证确有信用度的企业，应当及时确定授信额度，提供信用贷款。加强与国家政策性金融机构的合作，加快工业园区中小企业融资服务体系建设，通过培育孵化，使新入园的中小企业逐步达到融资条件，引导商业银行资金直接进入园区。进一步加大工作力度，推进中小企业信用担保体系建设，解决园区内有效益、有市场、有订单、有信誉的中小企业的贷款问题。

第四，规划引导，优化转型升级平台。

做到科学规划，合理布局，统筹安排，协调发展，突出规划的前瞻性、科学性和权威性。抓好园区产业发展规划的编制和完善工作，规划和建设好一批定位明确、产业集聚、配套完善的示范性园区，引导和鼓励同类型企业向这些园区集中，优化园区企业间的协作配套体系，有效提升园区的总体发展水平。每个园区都要从当地的产业基础、区位优势、资源条件和人文特点等出发，明确主导产业，着力引进和扶持培育行业龙头骨干企业。

要充分发挥园区聚集辐射效应，按照产业集聚和规模经济的内在要求，建设各具特色、设施配套、功能健全、资源共享、分工协作的经济发展载体群。要紧紧围绕要素集聚和产业升级这个核心，准确定位园区主导产业和发展方向，发展特色产业，聚集重大项目，形成产业集群。要优化园区企业间的协作配套体系，探索创建分工专业化、技术高新化和生产生态化为特征的产业集群发展新模式，形成以大企业为龙头，中小企业配套合作，上下游产业联动发展的产业链及优势互补的企业集群。

第五，完善园区产业准入和整体考核制度。

建立园区产业投资强度标准，除租赁或购买使用标准化厂房项目外，入园项目固定资产投资额不低于 1500 万元。落户在产业园区以内的工业项目，投资强度须在 120 万元/亩以上或者年税收在 5 万元/亩以上；落户在产业园区以外的工业项目，投资强度须在 80 万元/亩以上。同时建立园区产业投入产出标准，拟入园项目每亩土地年实现产值要不低于 200 万元，每亩土地年产生税收要不低于 8 万元。对投资过亿元项目或者能够带动就业 200 人以上的项目可以适当降低产出标准。同时,如果用地违约则将被记入企业的信用系统。达到用地基本条件并具备鼓励性条件之一的项目,申请审批后可作个案处理。鼓励的项目包括世界 500 强企业,世界著名跨国企业或大型央企,项目投资规模达到 10 亿元以上等项目。

进一步完善园区整体考核制度,在考核园区每平方千米的投资强度、销售收入、财税收入、出口创汇、劳动就业等相对指标的基础上,将工业集中度(即园区产值占当地工业总产值的比重)、产业集聚度(即园区内主导产业产值占园区总产值的比重)纳入考核范围,促进园区加快产业结构调整,壮大产业集群,提升产业层次。建立项目评估制度,按照经济效益、社会效益和生态效益相统一的原则,加强政府对园区产业发展的宏观调控,实行项目准入制,建立以投入产出率、资源循环利用率、社会贡献率为基本框架的综合指标评价体系,严格执行环境影响评价一票否决制,促进产业结构优化升级,防止重复建设和低水平发展,切实保护生态环境。

第六,建立园区企业的考核机制。

一是调整优化园区企业的统计评价指标体系,更加注重质量效益,更加注重优化结构,更加注重创新驱动,更加注重“两型”发展,加大资源消耗、环境损害、生态效益、产能过剩、科技创新、安全生产等指标的权重。

二是提高用地门槛,建立用地考核标准,制定入园企业的管理规定,严格按《工业项目建设用地控制指标》设置准入门槛,并加强对企业建设过程的监管,确保达到规定的固定资产投资强度。加强对已建成企业的用地考核,对达不到控制指标的企业,要督促其通过建造新的厂房扩大生产规模,进行技术改造和产品升级,转变生产方式以及调整产品结构等措施提高用地指标,对用地潜力较大而自身又无能力利用的企业,可将剩余闲置的土地收回,用于其他企业项目建设用地。

第七,提高园区产出强度。

一是按投入产出比优先安排“产、学、研”转化项目和集约化程度高的招商项目用地。着力引进一批产业层次高、集聚能力强及综合效益好的大项目、好项目,引导企业使用占地少、配套齐、功能全的环保科技型标准厂房。二是细化园区产业区块的定位和功能,力争发挥最大土地利用价值。三是认真开展项目清理,激活土地存量。积极实施搬迁改造战略,有偿回购经营不善、破产倒闭企业的闲置土地,盘活存量,提高土地集约化利用水平。对于超过合同期限尚未开工建设的项目,限期开工建设投产;对限期仍未动工的项目用地,依法清理和合理缩身;对回购土地进行再招商,盘活土地存量，发挥国有土地资源的最大使用效率。

第八，完善建设项目储备制度。

结合相关产业政策，发挥衡阳市产业园区发展的比较优势，深入研究产业园区项目的发展前景、空间布局、环境影响等，促进园区产业结构优化与发展方式转型。及时组织研究建立园区工业产业发展导向及其项目储备库，委托专业机构对产业发展导向及其项目储备库进行动态调整优化。定期颁布各行业项目发展导向，引导企业投资方向，使入园项目符合相关的产业政策和工业发展规划。对拟入园的项目在可行性、技术水平、经济效益、社会与环境效益等方面进行深入评估，增强投资决策科学化、民主化，降低投资成本，防范投资风险，增强项目的可行性与可操作性。

第九，加大投入，构建公共服务平台。

一要加强行业协会建设。行业协会内部逐步建立起适应自身服务功能的"专家库"和"智囊团"，使协会在开展咨询、培训、协调、监督等各项服务工作时权威性强、质量高、影响力大。一方面利于吸引有代表性的企业和个人入会，壮大会员队伍；另一方面，也可以通过开展咨询、培训、办展等服务解决一些经费缺乏的现实困难。

二要加强中心商务区平台建设。加强中心商务区平台建设，构建并完善为企业自主创新、消化吸收再创新、科技成果产业化、专利技术产业化提供高效优质服务的创新体系，加快建立标准检测、专利服务、技术评估、产权保护等科技中介服务机构。加快发展工业设计和工业产品研发机构以及为企业提供商务服务的会展、担保、咨询、会计、审计等中介服务业，支持生产性服务业集聚发展。加快企业公共信息平台建设。帮助企业建立网络平台，开展电子商务，实现信息融合互通。

三要健全园区公共服务体系。鼓励高等院校、科研机构与园区企业开展多种形式的技术合作，创建生产力促进中心、科技孵化基地等，构建为企业自主创新、消化吸收再创新、科技成果产业化、专利技术产业化提供高效优质服务的立体化创新体系。加快建立标准检测、专利服务、技术评估、产权保护等科技中介服务机构。加快发展工业设计和工业产品研发机构以及为企业提供商务服务的会展、担保、咨询、会计、审计等中介服务业，支持生产性服务业集聚发展。

四要促进园区的人才培养。要鼓励高等院校、科研机构与园区企业开展多种形式的技术合作，创建生产力促进中心、科技孵化基地等，提高产品的科技含量，促进科技成果产业化。要建立和健全促进人才合理流动的市场机制和激励机制，鼓励和吸引海外留学人员、大中专毕业生、外出务工经商人员到园区投资创业，鼓励社会各方面力量为园区培养人才。按照“企业招工、学校代培，供需对接、渠道畅通”的要求，建立工业园区企业劳动用工的市场运作机制，并根据园区和企业的发展状况进行动态化调整和创新。

第十，节能减排，推进生态园区建设。

着力改变传统粗放用地的发展模式。要进一步建立健全园区集约、高效、合理的用地机制。积极组织实施一批以技术改造和自主创新为主的“节地型”工业投资项目，使“节地型”项目比重明显提升。要多渠道、多方式开展挖潜节地行动。

加快调整和优化结构，加大引进和培育技术含量高、能源资源消耗低、产出价值量大的资金技术密集型新兴战略产业的力度，积极发展新能源、新材料、节能环保等低碳产业，加快用先进适用技术和高新技术改造提升园区现有的传统产业。着力构建有色金属、化工等循环产业体系，抓好骨干企业循环经济重点项目。进一步建立健全项目准入制度，严格控制高耗能、高污染行业及项目进入园区。积极发展低碳经济，扩大园区清洁能源的使用比例，实现工业能源结构的调整。积极推进园区工业废弃物的资源循环利用示范工程建设。建设污染源在线监测监控系统，实现企业在线监控和联网。

10.2 耒阳经济开发区案例

(1)开发区简介

耒阳经济开发区创建于 1992 年，属省级开发区。2012 年 11 月，耒阳经济开发区调区扩区通过湖南省政府批准，调区扩区后面积 1038.53 公顷，形成了“蔡伦科技工业园、哲桥工业新城、东江工业园”一区三园发展平台。近年来，园区先后被省政府授予“承接产业转移示范园区”称号，被省政府办公厅、省发改委联合授予“综合性高新技术产业基地”称号。

近年来，开发区按照“工业兴市、园区兴工、项目兴园”的基本思路，坚持把工业园区作为招商引资主要平台来建设，作为引领经济发展增长极来打造，推动了园区经济的快速发展。目前已经初步形成了布局集中、特色鲜明的产业发展平台，全区形成了以健康食品加工、先进装备制造、电子信息、新材料为主的四大产业优势。

截至 2014 年，开发区共完成技工贸总收入 146 亿元，完成工业总产值

74.82亿元，其中规模工业总产值72.99亿元，规模工业增加值32.1亿元，实现利润11.77亿元，完成税收21183万元。利用省外境内资金6亿元，利用外资额6000万美元，完成出口创汇过亿美元。

开发区目前已基本形成了一批高新技术特色产业，以特色产业为载体的高新技术产业集聚发展格局初步凸现，为建设省级高新技术产业园区打下了坚实的基础。即：以御海堂生物为代表的生物医药产业，以迅通道岔、海得工程为代表的先进装备制造产业，以岱朗光电为代表的电子信息产业，以客来宝为代表的新材料产业。

近年来，开发区致力于发展高新技术产业，致力于发展高附加值产业，促进开发区向多功能综合性产业园转变。园区不断加大科技投入，先后组建了科技文献库、科技成果库、科技项目库、科技专家库等科技创新公共服务网络平台，成立了生产力促进中心和知识产权代办点，创建了科技企业孵化器，科技企业科技服务基础条件日趋完善，科技创新能力得到显著提升，有力推动了园区产业技术升级，在技术升级方面已经基本达到了申报国家级高新产业园区的要求。

目前开发区环境建设不断深入：一是建立开发区企业评审制度和实行委托代办制，入园项目在经园区组织专家评审团评审后，手续由园区政务中心统一代办，做到一个窗口审批、一条龙服务。二是对于一些重点的工程项目建设，成立专门的协调服务工作班子，从工程动工开始进行全程协调服务。三是确保区内工业企业"三废"排放达标，并鼓励现有入区企业进行技术改造。四是重点加强对工业企业和重点项目周边环境的治理，依法维护企业和投资者的合法权益。

(2)开发区创新链发展理念

牢固树立并切实贯彻创新、协调、绿色、开放、共享的发展理念，紧紧围绕耒阳市委"重回全省第一方阵"总体工作思路，以全面建成小康社会为总体目标，以推进"工业强市"和"创建新型中等城市"两大战略为带动，调整优化经济结构，加快转变发展方式，深入扩大对外开放，统筹发展社会事业，更加关注改善民生，努力保持园区经济社会平稳较快发展。

以科学发展观为指导，按照"两型引领、三量齐升、布局集中、用地集约、产业集聚"的总体要求，全面推进产业园区化、园区专业化、发展两型化、管理科学化。

把创新作为加快发展、转型升级的根本动力，坚持科技创新与体制机制创新有机结合，激发各类创新主体活力，加快经济发展由要素驱动为主向创新驱动为主转变，全面提升自主创新能力，打造创新型城市。正确认识和统筹发展中的重大关系，坚持改革发展稳定协调、城乡协调、经济社会协调、经济文化协调，调动一切积极因素，化消极因素为积极因素，调动一切和谐因素，化不和谐因素为和谐因素。遵循自然规律，完善生态制度，优化生态环境，维护生态安全，提升资源利用效率，突出生态功能分区和保护，推动绿色发展，循环发展，低碳发展，建立健全生态文明体制机制，促进经济效益、社会效益与生态效益的有机统一，打造山水生态园区。

加快开放通道和开放平台建设，协调推进“引进来”和“走出去”战略，统筹利用国内、国外两个市场，两种资源，建立健全开放型经济机制体制，在大开放中实现园区资源大开发、发展大跨越。加快提质改善健康、就业、教育、社保等民生服务，着力推进城乡、区域公共服务均等化，加强精准扶贫战略，实现贫困人口全面精准脱贫，使园区所辖范围内人民在共建共享发展中有更多获得感，增强发展动力，稳步推进共同富裕。

把创新作为加快发展、转型升级的根本动力，坚持科技创新与体制机制创新有机结合，激发各类创新主体活力，加快经济发展由要素驱动为主向创新驱动为主转变，全面提升自主创新能力，打造创新型城市。园区通过加强自主创新、项目建设、机制创新、绿色发展等途径，大力发展战略性新产业，改造提升基础产业，努力建设成为耒阳经济发展的核心区，产城融合的示范区，开放服务的集中区。

力争到2020年把开发区打造成为300亿产业园区，建设成为全民创业创新的主战场，成功创建省级高新产业技术园区，打造省级重点园区，工业经济总量占全市的60%以上。建设成为我省重要的健康食品加工、先进装备制造产业基地，培育形成先进装备制造、电子信息、新材料三大产业集群，成为湖南重要的高新技术产业增长极。

(3)开发区创新链发展目标

到2020年，入区高新技术企业达到20家。高新技术产业产值突破210亿元，占全市高新技术产业产值的80%，园区高新技术产业增加值占比达到20%。通过自主研发与技术引进，企业自主创新能力进一步增强，产学研合作进一步加深，科技创新成果转化进程加快。

到2020年，培育创新型企业30家，新建各级技术创新平台20家，建设生物医药类检测检验中心1家，年均转化科技成果5项、先进适用技术15项，每年专利申请量达到600件。围绕先进装备制造、电子信息、新材料、健康食品加工等产业，切实加大对龙头企业培育扶持力度，出台有针对性、操作性和实效性的扶持政策，如企业上市扶持政策；加快企业做大做强，力争到2020年实现30亿元企业1家，实现产值10亿元企业3家，5亿元企业10家,亿元以上企业40家,并实现2家企业扶持挂牌上市。

引进符合园区产业规划的"知名企业、三高企业、500强企业"。到2020年,规模以上工业企业达到140家,其中出口型工业企业达到10家;实际利用外资新增3亿美元,其中出口创汇新增2亿美元;实际到位省外境内资金新增100亿元。依托各产业园区平台,围绕发展智能电子、智能装备制造、战略性新兴产业以及高端健康食品产业目标,全力引进大项目、好项目。

为推动各项目顺利建设,未来五年要确保园区年平均融资不低于10亿元。园区工业企业税收额按照年均20%以上的速度增长,到2020年园区工业企业税收额超过1.2亿元。

全面规划建设蔡伦科技工业园和哲桥工业新城,规划用地2020年达到25平方公里。"十三五"期间园区内固定资产投入强度不低于167万元/亩,工业用地产出强度不低于253万元/亩,高新技术产业用地产出强度不低于333万元/亩,园区内闲置土地处置率达100%。

万元增加值能耗低于全市同期水平的50%,工业污水处理率达到目的100%,固体废弃物无害化处理率达到90%以上。到2020年,园区实现绿化覆盖率45%,污水处理率保持100%,工业"三废"排放达标率保持100%,垃圾资源化利用率达到40%,空气环境质量达标率保持100%,万元工业增加值能耗年均下降5%。

年生产总值年均递增12%以上,达到160亿元;财政总收入年均增长12%以上,达到11亿元;社会消费品零售额年均增长18%,达到13亿元;社会固定资产投资年均增长20%以上,达到17亿元,主要经济指标实现翻番。农民人均纯收入年均增长12%,达到15000元;城镇居民人均可支配收入年均增长10%,达到23900元。农村居民家庭恩格尔系数下降到40%以下,城镇居民家庭下降到35%以下。

到2020年,农民人均纯收入超万元,新型农村合作医疗和城镇医保人口覆盖率达到100%。2020年人口自然增长率控制在10‰以内,城镇居民再就业达到年均300人,从业人员平均人数1700人。

单位GDP综合能耗和二氧化硫、化学需氧量、氨氮、氮氧化物排放总量、单位GDP二氧化碳排放减少率完成市政府下达任务,城市社区垃圾无害化处理达到100%以上。

表 10-1　耒阳经济开发区产业规模目标

指　标	2017 年	2020 年
工业总产值(亿元)	150	300
规模工业增加值(亿元)	60	120
高新技术产品产值(亿元)	100	210
高新技术产品产值占工业总产值比重(%)	66.66%	70%
高新技术产品增加值(亿元)	33	70
高新技术产品增加值占工业增加值比重(%)	15%	20%

表 10-2　耒阳经济开发区环境与生态目标

年份	绿化覆盖率	污水集中处理率	工业“三废”排放达标率	垃圾资源化利用率	空气环境质量达标率	万元工业增加值能耗年均下降
2017	40%	100%	100%	35%	100%	3%
2020	45%	100%	100%	40%	100%	5%

表 10-3　耒阳经济开发区各产业发展目标(单位:亿元)

产业名称	工业总产值		高新技术产品产值	
	2017 年	2020 年	2017 年	2020 年
健康食品加工	33	65	22	45
先进装备制造	22	45	15	32
电子信息	55	110	37	77
新材料	25	50	17	35
其他产业	15	30	—	—
合　计	150	300	91	189

(4)开发区创新链整体发展路径

深入贯彻落实科学发展观,以“经济转型”战略为契机,努力实现以生产要素聚集为体现、以低成本运作为目标的园区经济。着重实现优势产业的升级,引进生产加工型企业、高新技术、出口创汇型企业并形成规模,注重技术与管理的不断创新,真正发挥园区在全市社会经济发展以及对外开放中的领头和示范作用。

以改革创新为动力，以质量和效益为中心，以加快转变发展方式、调整产业结构为主线，以改造提升传统产业和发展战略性新兴产业为重要着力点，集聚集群提质发展园区产业、积极承接产业转移，不断强化工业主导地位，集约节约利用资源，加强生态环境保护，努力构建关联度大、附加值高、竞争力强的现代产业体系。

抓住发展战略性新兴产业和产业转移的重大机遇，以自主创新为核心，通过传统产业与高新技术的对接，培育与引进相结合，加工业与服务业相融合，大力发展高新技术产业和处于价值链高端地位的产业，建设成为我省重要的健康食品加工、先进装备制造产业基地，培育形成先进装备制造、电子信息、新材料三大产业集群，使园区产业发展走上创新驱动、内生增长的轨道。

强化生产要素吸引力，提升投入产出水平，支持园区提供完备的基础设施、充足的公共产品、充分的信息资源、高效便捷的服务，依靠政府推动和市场驱动双机制实现产业集聚发展。不断延伸产业链条，加快形成产业集群，重点培育和扶持一批具有较强创新能力的龙头企业，发挥其示范带动作用。以实现园区“减量化、资源化、无害化”为目的，走以高新技术改造和提升传统产业，以传统产业优化升级为核心的新型工业化道路。

依托现有产业园区，在促进产业集聚、加快产业发展的同时，顺应发展规律，因势利导，按照产城融合发展的理念，加快产业园区从单一的生产型园区经济向综合型城市经济转型，力争发展为产业发展基础较好、城市服务功能完善、边界相对明晰的城市综合功能区，进而协同推进城镇产业发展、人口集聚和功能完善，促进资源优化配置和节约集约利用。

主动承接沿海产业转移，引进知名企业，构建较为完善的产业链，形成专业化产业园区，使产业链延伸和产业集群相互促进，以科学、合理的产业布局，有效促进园区产业集群的形成。加快对高新技术的引进、消化、吸收和利用，整合创新创业资源，提升园区内企业的自身发展能力，建设高水平、完善的创新载体平台，推动工业经济增长方式由投资拉动向创新驱动模式转变，加速耒阳经济园区产业结构的优化转型升级。

依据统筹安排、合理分工、递次推进、完善综合、突出重点、集约利用的原则进行园区布局优化，实现“一区三基地”产业合理布局，明确各园区功能定位，优化产业布局，促进产业集聚发展(如图 10-1 所示)。

蔡伦科技工业园以食品药品加工、先进装备制造为主导支撑产业，中小企业创业园、创新创业园主要发展发展食品药品加工、先进装备制造、智能电子等产业。哲桥工业新城主要发展新材料、电子信息产业。对蔡伦现代农业科技园进行整合提升，将蔡伦农业科技园周边20余平方公里纳入园区范围，形成哲桥精美制造园，蔡伦科技工业区、中小企业创业园、创新创业园连片发展。综合开发片区注重耒水新城片区、盘古苗片区、大金以北片区、洋武咀片区。蔡伦农业科技园主要发展农业科技开发、种植示范、技术推广、自然养生及环保技术开发等产业。

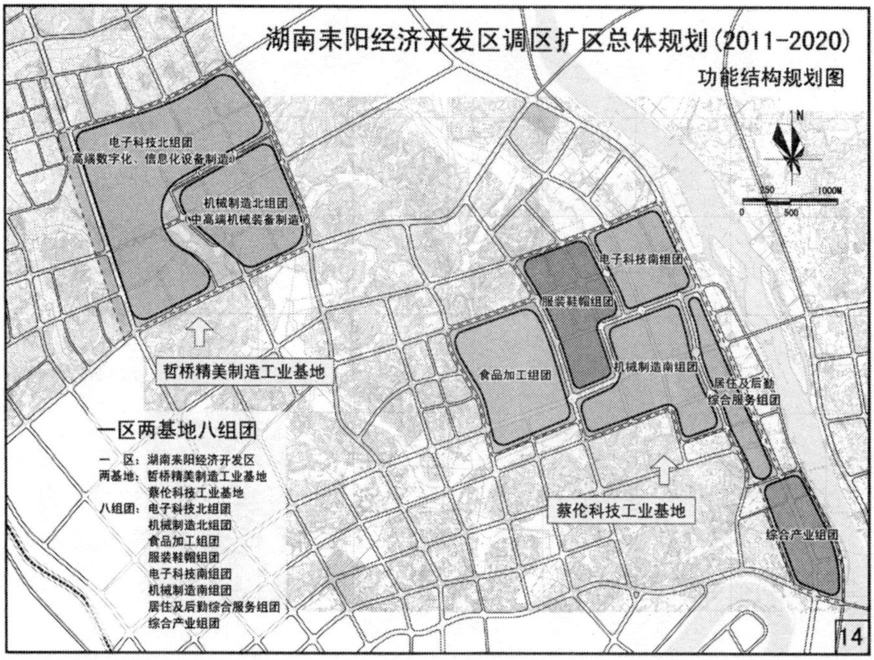

图10-1　耒阳经济开发区功能结构和布局规划图

蔡伦科技工业园规划范围：东到东二路（北段）、沿江二路（南段），北到杜塘路（东段）、白洋路（西段），南到乐溪路（西段）、新城三路（中段）、乐居路（中段）、青龙路（东段），西到群英北路（北段）、开四路（中段）、宝塔路（中段）、运煤专路（中段）、近园路（南段），面积542.32公顷。其园区布局情况如图10-2所示。

园区的产业发展重点为：以生物食品产业为主导产业，以农产品加工为重点，以油茶精深加工、大米精深加工为重点领域，发展培育壮大食品精深加工龙头企业，并配套相关服务产业。

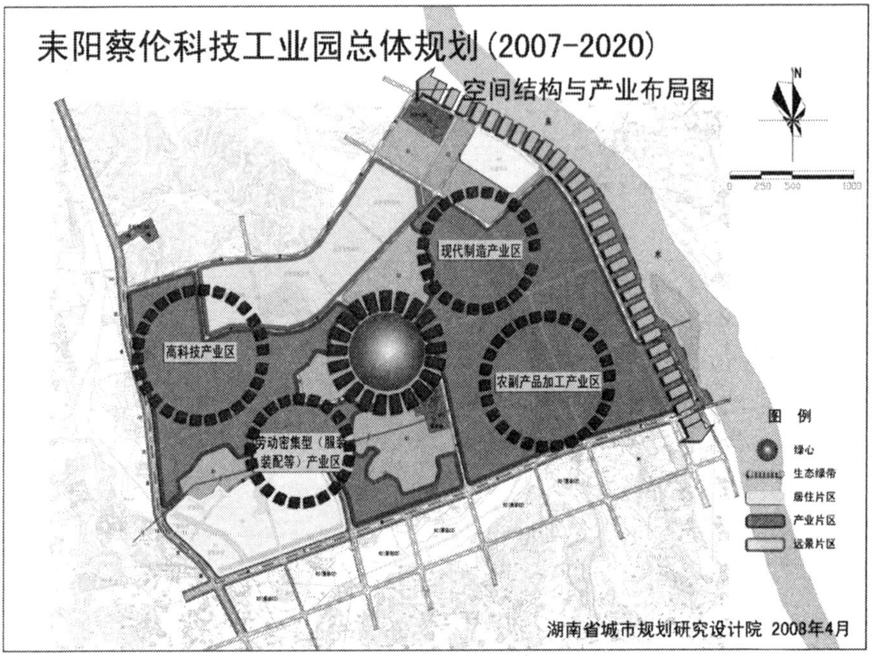

图 10-2 蔡伦科技工业园空间结构和产业布局图

蔡伦科技工业园内中小企业创业园和创新创业园的具体发展措施为：

中小企业产业园产业定位以生物食品、药品加工和先进装备制造为主。中小企业的良好发展是园区二次创业的必备元素，所以中小企业创业园的发展进程必须突出为园区二次创业提供有效支持的特点。

一是要积极推进载体开发。最大限度降低中小企业固定投入的现金流，让中小企业住得进，也住得起合格的生产场地，从而为中小企业集中连片发展，形成有竞争力的企业集群创造基础条件。

二是对于入住中小企业创业园的中小企业进行扶持。建立有关扶持资金，制定相应的资金管理办法，针对一些鼓励类产业的中小企业进入园区，按其厂房租金，给予一定比例的补助。

三是建立中小企业服务中心。对中小企业创业园内每一家企业的产品、技术、营销渠道、品牌等相关情报进行收集并认真整理(注意为企业保守商业机密)，在认真分析的基础上，梳理出本区域内可以共享的资源，并积极促进相关企业开展业务合作。

四是对中小企业创业园内企业进行认真调研 ，设立一个最为相近的终端产品为参照物进行对比，分析在该终端产品的价值形成过程中，园区缺少哪部分的产品和技术，看缺少的那部分是否为核心的资源和价值，如果是就要积极弥补，具体方式可以通过招商引资或鼓励创业，或帮助区内企业技术改造和技术引进等。

五是建立中小企业人才培养和开发的专业基地。培训对象既包括厂长（经理）等高级管理人才，也包括财会、营销等专业人员。培训方式采取讲座、短训、函授、脱产等多种形式。

六是采用投资参股方式组建“中小企业创业园产品销售公司”，运用委托一代理、加盟、联销、分销、代销等多种形式，开展联销、联储、联运，变一点一品销售为一点多品联销，帮助中小企业合力拓展销售市场。

七是及时向中小企业提供新产品、新技术、新工艺、新材料的信息，并进行引进、推广，帮助消化和吸收；传递中小企业所需的各种技术信息，包括政府促进科技进步的有关政策、中外科技发展态势、体现国家产业政策导向的新产品开发指南、适合中小企业开发的科技成果等。

八是设立中小企业创业中心，为经过筛选、具有良好发展前景、特别是科技型小企业的创立、发展提供条件和一条龙服务，包括场地租用、资金协助、工商、财务、税务代理、经营管理辅导、营销策划等。

将创新创业园的发展目标定为发展成为能提供多功能、全方位的专业技术服务、金融服务及综合商务服务，与高等院校、科研院所、科技型企业等机构在科研仪器、设备、人才、数据等科技资源方面有密切的合作关系，能利用合作机构的资源为园区企业提供综合性服务的产业园区。

一是发展特色产业，树立产业品牌。在产业发展上实施创新，走差异化发展道路，明确自己的特色，突出自身优势，发展特色产业。园区要坚持在激烈的区域竞争中注重发挥自己的优势和长处，缩小产业面，明确自身的产业优势。

二是在创新创业园内部构建一批科研开发基地，创建专业化的研发机构，加大对企业研发机构的培育力度，逐步把整合集聚的社会科技资源更多地转向建立和培育企业研发中心，提高企业的研究开发能力，特别是加快提高中小型科技企业的创新能力。

三是用科技事业吸引国内外高水平人才和研发团队到高新区发展，引进更多的投资项目特别是高新技术项目，以“项目引进”带“人才引进”，进一步吸引省内外人才携带高新技术成果、资金和团队来创新创业园创新创业。

四是增加科技财政投入，成立投资担保公司，每年为科技型中小企业提供贷款担保。对被列入国家、省、市财政资助的科技创新项目或被新认定为国家、省、市级高新技术研发中心或企业技术中心的,按规定比例给予配套资助;对经有关部门批准组建技术研发机构并取得显著经济效益,经考核验收合格的,给予企业一次性资金支持。

五是强化创新创业孵育能力。坚持政府引导、市场运作、社会投资为主的原则,进一步加快创业服务中心等孵化器建设。积极发展民营孵化器,加快形成专业化、多元化的科技创业孵化体系,逐步显现出投资主体多元化、经营模式多样化、创业服务专业化的新局面。

六是从"创新"与"服务"出发,理清创新服务体系的结构,明确那些紧缺的中介服务内容,以决定优先发展次序与政策安排。吸引、组织和协调区内外的各类中介服务机构,积极为高新技术企业提供管理、技术、市场营销、信息、人才、财务、金融、法律、商贸、知识产权、证券、会计、审计等方面的服务。

哲桥工业新城规划范围:位于哲桥陈塘村、双泉村、哲桥村,具体为:东到107国道,北到物流大道,南到创业大道,西到西湖路西面100米,面积10.9平方千米。其园区布局情况如图10-3所示。

园区的产业发展重点:以招商引资为主要途径,建设目标为机械装备制造、电子信息等高附加值制造业为主的综合型制造基地。一是机械装备制造业,重点发展农机制造、工程机械、核心零部件、汽车再制造等产业。充分挖掘耒阳在矿山机械、工程机械、铁路器材、农机制造等领域的传统优势,对接长株潭工程机械产业集群,积极承接产业转移,大力发展农机制造、工程机械和机械制造零部件等产业。二是重点发展电子信息产业和新材料产业,并合理配套相关的服务产业体系。

(5)"政产学研用"协同背景下园区主导战略性新兴产业创新链构建

① 先进装备制造产业

第一,产业链规划(详见如下图10-4)。

充分挖掘耒阳经济园区在农机制造、矿山机械、铁路器材、工程机械等领域的传统优势,对接长株潭工程机械产业集群的辐射效应,积极承接产业转移,大力发展农机制造、工程机械和机械制造零部件、中高端机械装备农业制造等产业。

第二,发展目标。充分挖掘耒阳在矿山机械、工程机械、铁路器材、农机制造等领域的传统优势,对接长株潭工程机械产业集群的辐射效应,积极承接产业转移,大力发展微轴承、现代农机制造、工程机械和机械制造零部件、中高端机械装备制造等产业,打造完整的产业链条。扶持新达微轴承、耒耕机械、湘发矿山机械等企业,组建耒阳农机生产集团。到2017年,

图 10-3　哲桥工业新城空间结构和产业布局图

园区先进装备制造产业实现产值 22 亿元，培育产值过亿元企业 5 家。力争到 2020 年产值超过 45 亿元。海得工程、迅通道岔产值达到 10 亿元，再培育产值过 5 亿元企业 3 家，过亿元企业 5 家。

第三，细分领域。在农用机械领域，依托耒阳插秧机厂和耒阳轻型耕田机厂等企业，推出更加轻便、适用的轻型耕整机、轻型插秧机、轻型收割机，开发适宜山区、江南丘陵地区的各种型号耕整机、插秧机、收割机，加大对衡竹、耒竹拖拉机组装扩建的引导和扶持。在交通装备领域，抓住高铁

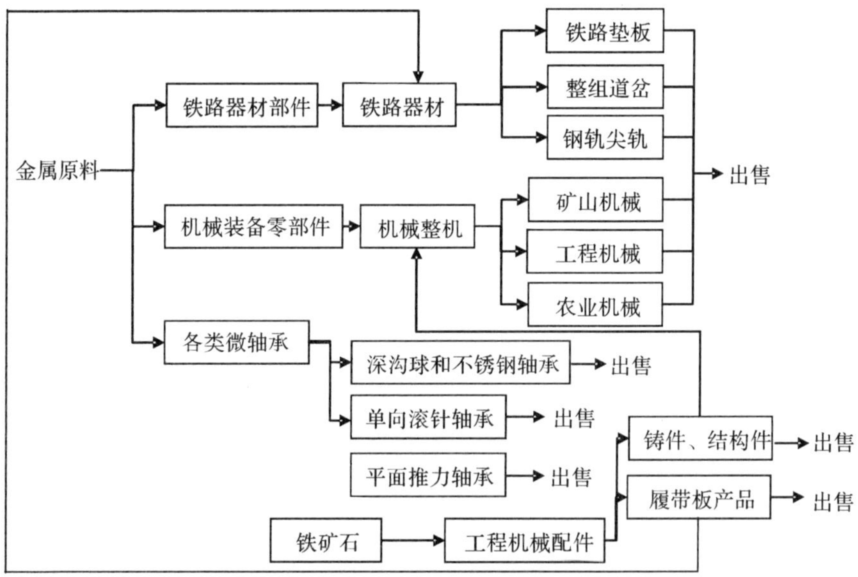

图 10-4　耒阳经济开发区先进装备制造产业链

发展战略机遇期,加快迅通铁路器材 AT 高速铁路道岔项目建设进度,打造南方重要铁路道岔生产基地,支持迅通铁路道岔二期等企业扩能升级。

第四,重点项目。工程机械配件项目。海得工程有限公司投资 4 亿元,建立具备年产 10 万吨铸件、2 万吨结构件、4 万套履带板的生产能力,年产值达 10 亿元。

农机制造项目。三牛机械制造有限公司投资 1.4 亿元,形成年产耕整机 33000 台、微耕机 20000 台、收割机 2000 台的生产能力。年产值可达 5 亿元。

铁路道岔项目。迅通道岔制造有限公司投资 8000 万元,形成年产 7＃、9＃、12＃整组道岔 5000 组, 60kg/m、50kg/m、43kg/m 钢轨、普通尖轨和 AT 尖轨 30000 根,基本轨、护轨、异型轨 20000 付的生产能力。年产值达 10 亿元。

微轴承项目。新达微科技发展有限公司投资 3 亿元,建立深沟球轴承、不锈钢轴承、法兰边轴承,单向滚针轴承,平面推力球轴承等微轴承生产线 3 条,建立 CT 医疗机专用轴承生产线 1 条,形成年产轴承 150 万套的生产规模。年产值可达 10 亿元。

数控机床项目。颖峰数据机械有限公司投资 4.8 亿元,新建数控设备分厂 3 个,机加工中心 3 个,电气装配车间 3 个,铸造、热处理、包装车间各

1个。形成年产各类车铣复合、数控机床、数控加工中心4000台(套)的能力。年产值超过15亿元。

第五,支撑平台。建立健全先进装备制造产学研创新平台。与中南大学、南华大学、铁道部铁科院等科研机构建立技术研发合作伙伴关系,建立耒阳先进装备制造产学研创新平台,进行技术上、工艺上的合作研发,并使相关工厂成为中南大学、南华大学等相关院系研究、教学、培训、实习基地。

建设废旧汽车拆解及再制造产业园。在哲桥工业新城设立废旧汽车拆解及再制造产业园,发展废旧汽车拆解及再制造产业。鼓励企业引进国内外先进汽车拆解工艺和生产设备,与国内汽车生产、零部件再制造企业建立长期合作关系,建设废旧汽车的拆解处理中心和汽车零部件再利用中心,加强对本地废旧汽车回收拆解行业市场秩序的监督和管理,打造汽车零部件再制造产业园。将耒阳废旧汽车拆解及再制造产业园项目与衡阳市汽车零部件产业园项目联动发展,配合衡阳市尽快形成汽车零部件产业的规模效应。

实施先进装备制造人才培养工程。一方面用政策、待遇等优惠条件为耒阳引进装备制造方面的技工、技术人员,另一方面加强与耒阳职业技术院校的对接,政府出资在耒阳职业技术院校设立机械装备制造人才培养基金,以解决耒阳经济园区机械制造企业技术熟练工人稀缺的困难。

②电子信息产业

第一,产业链规划(详见图10-5)。借助区位优势,在投资、劳动力、土地方面采取更多优惠措施吸引广东沿海地区电子信息制造企业内迁,打造电子信息制造业产业转移承接基地,打造湘南承接产业转移重要的示范区。重点发展新型电子元器件、电子信息机电产品和通信设备配套产品、高效晶体硅电池与组件、薄膜电池与组件制造等。

第二,发展目标。按照"创新驱动、转型发展"的总体要求,积极主动对接长株潭地区、沿海地区电子信息产业转移,以电子元器件、太阳能光伏产业、高端数字化、信息化设备制造为重点领域,加大招商引资力度,加快产品研发和生产,推动信息化和工业化的融合渗透。围绕产业链条,逐步引进和发展产业链高端环节企业,扩大产业规模,优化产业结构,支持湖南拓宇电子、东莞亚湘电子、博多电子、崧顺电子等企业入园发展,形成特色鲜明、布局合理的电子信息产业基地。重点发展新型电子元器件、电子信息机电产品和通信设备配套产品、高效晶体硅电池与组件、薄膜电池与组件制造等产业。到2017年,开发区电子信息产业实现产值55亿元,培育产值过亿元企业5家以上。力争到2020年产值达到110亿元。

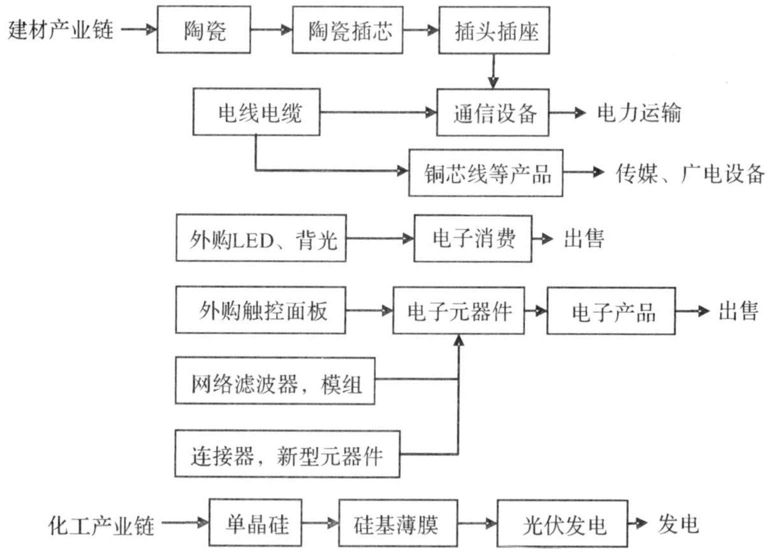

图 10-5　耒阳经济开发区电子信息产业链

第三，细分领域。在新型电子元器件制造领域，依托博多(香港)有限公司、耒阳建丰电子科技有限公司、湖南拓宇电子有限公司、耒阳市亚湘电子科技有限公司等核心企业，大力发展特大功率晶匣管、集成电路、线路板等电子元器件产品。积极发展光电器件、光模块、关键专用芯片等光通信专业元器件和组件。加快片式化、微型化电力电子器件和研发生产能力，初步形成完整配套、相互支撑的电子元器件产业体系。

在电子信息机电产品和通信设备配套产品制造领域，依托湖南拓宇电子有限公司、耒阳市星宇电线电缆有限公司、立诚电子(衡阳)有限公司等企业，紧抓新一代通信网络建设和移动互联网快速发展机遇，加大线路板生产线和电子信息机电产品工业行业中应用的电子电线电缆的研发生产；依托衡阳市晟邦科技光电有限公司，重点发展手机用蓝宝石晶体、LED 衬底材料等通信设备配套产品。

在太阳能光伏产业领域，依托湖南岱朗光电能源有限公司，以提高太阳能电池转化能效比和性价比为核心，加快发展高效晶体硅电池与组件、薄膜电池与组件制造产业。积极开展太阳能电站系统的集成和光伏发电。

第四，重点项目。新型电子器件项目。博多电子有限公司投资 5000 万美元，年生产新型电力电子元器件 2000 万个，年产值达 20 亿元。建丰电子科技有限公司生产和销售各类连接器、新型电子元器件等电脑周边及网通产品，年产值达 20 亿元。亚湘电子科技有限公司投资网络滤波器和 RJ45 模组的生产，年产值达 10 亿元。拓宇电子有限公司进行年产 50 万平方米线路板的生产，年产值达 20 亿元。

太阳能硅基薄膜电池项目。岱朗光电能源有限公司投资 1.8 亿元，建设 100MW 太阳能硅基薄膜电池生产线，形成年光伏发电工程 EPC 100MW 的生产规模，年产值超过 10 亿元。

蓝宝石晶体产业化项目。晟邦科技发展有限公司投资 5 亿元，建立 LED 用蓝宝石衬底、蓝宝石晶棒、蓝宝石晶体等电子专用材料生产线 4 条，形成年产 200 万片蓝宝石的生产规模。年产值达 20 亿元。

通信设备配套产品项目。星宇电线电缆有限公司生产 10KV 以下电线电缆系列产品，年产值达 10 亿元。

第五，支撑平台。电子信息产业集群培育工程。加强耒阳电子信息产业集群建设，培育重点耒阳电子信息产业龙头企业和龙头产品，以龙头企业和重大项目带动相关配套企业的发展，延长产业链条、形成产业集群。重点培育和扶持湖南岱朗光电能源有限公司、博多（香港）有限公司、耒阳市亚湘电子科技有限公司等重点企业发展壮大，通过重点项目建设，助推重点企业的升级增效，增强耒阳电子信息产业集聚效应，延长拉伸产业链，提高耒阳经济园区电子信息产业发展水平。

电子信息产业专业人才培训工程。由耒阳市经济和信息化局、人社局等主管部门牵头，依托园区内的岱朗光电、博多电子等龙头企业，联合耒阳师范学院、衡阳师范学院，湖南工学院及湖南省和全国的知名大专院校和科研院所，开展耒阳市电子信息产业发展所需的高等技能人才的培育工作。

③新材料产业

第一，产业链规划（详见图 10-6）。加快建设新材料生产中心和科技研发中心，不断完善科技、环境及政策配套支撑体系，重点发展电子信息新材料、金属新材料研发和新能源材料，推动科技成果的产业化，将耒阳经济园区塑造成中南地区重要的新材料生产基地。

第二，发展目标。充分利用耒阳新材料产业现有优势基础，按照“高端化、集群化、生态化”发展要求，做大做强核心企业，引导同类企业集聚，形成主导企业与配套企业紧密联系、分工协作的专业化发展局面。以客来宝等企业为核心，迅速集聚一大批新材料企业，大力发展相关配套产业链。引导同类企业集聚，大力发展相关配套产业链，重点发展硅基薄膜电池，全生物降解膜、氧化锆系列、蓝宝石晶体、新型节能环保墙体、复合型防火材

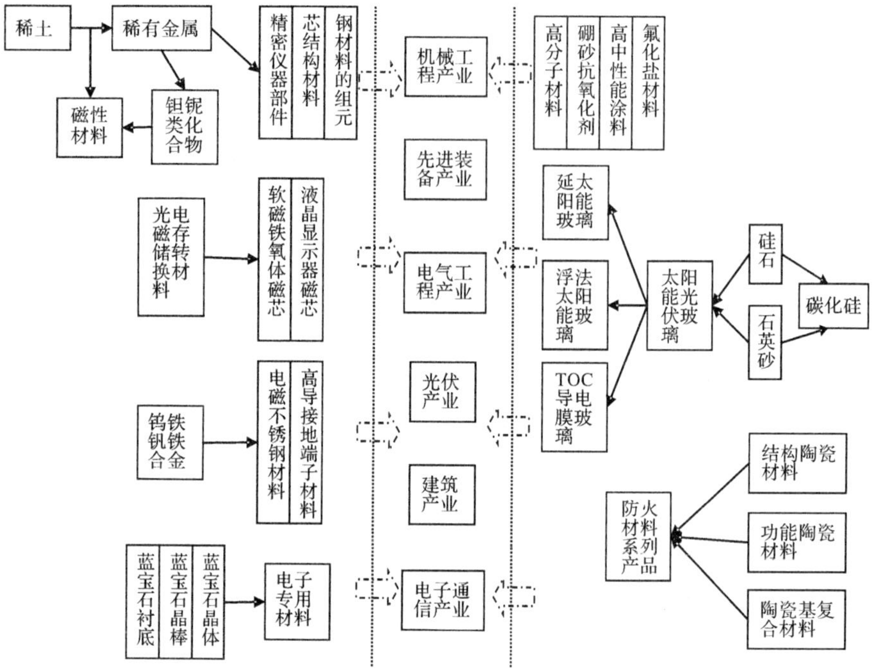

图 10-6　耒阳经济开发区新材料产业链

料、新型装饰材料。重点发展电子信息新材料、金属新材料研发和新能源材料，推动科技成果的产业化，打造中南地区重要的新材料生产基地。到2017年，园区新材料产业实现产值25亿元，培育产值过亿元企业5家以上。力争到2020年产值超过50亿元。客来宝年产值达40亿元，再培育产值过10亿元企业2家以上，过亿元企业10家以上。

第三，细分领域。在电子信息新材料领域，重点发展用于计算机及通信设备、家用电器、照明、电源开关等领域的软磁铁氧体磁性材料（电子级四氧化三锰）及用于半导体照明（LED）芯片和手机、平板电脑等消费电子产品的蓝宝石衬底、蓝宝石晶棒、蓝宝石晶体等。

在防火材料领域：以新华防火、宝山高岭土等企业为龙头，围绕新型防火材料，重点发展复合型防火门、防火板等产品的配套生产企业。

在其他新材料领域：以客来宝、东方锆业、天剩墙体、龙延新建材等企业为龙头，围绕太阳能材料、新型包装材料、新型无机非金属材料、新型电子专用材料、新型建筑材料等方面，重点发展硅基薄膜电池、全生物降解膜、氧化锆系列、蓝宝石晶体材料、新型墙体材料、建筑节能玻璃等产品，推广新工艺、新设备，拓宽应用领域，延长产业链条。

第四，重点项目。防火材料项目。新华防火装饰材料有限公司投资4.5亿元，建立具备年产防火板5000万张，防火门及豪华装饰门400万樘的生产能力，年产值达10亿元。

高岭土综合利用项目。宝山高岭土科技发展有限公司投资2.7亿元，建立大型高效超细研磨机与煅烧高岭土电热回转窑配套生产线3条，形成年产高岭土产品50万吨、石英砂产品150万吨的生产规模。年产值可达5亿元。

10万吨全生物降解膜项目。客来宝生物能源科技有限公司一期投资5000万元，在耒阳市海通物流园兴建3000平方米厂房和配套设施，建设一条生产线年产量3000吨全生物降解膜示范生产线。二期由贵州国创能源控股（集团）股份有限公司投资5亿元，在哲桥精美制造工业基地内进行整体项目建设，在2018年前完成年产2万吨的生产基地及项目整体配套设施建设。2020年完成年产10万吨的生产规模。年产值达40亿元。

表10-4　耒阳经济开发区战略性新兴产业的核心产品和未来发展方向

产业领域	企业名称	所在园区	主导产品	未来发展重点和方向
先进装备制造	耒阳迅通道岔制造有限公司	东江工业园	铁路器材系列产品	打造国内最大的铁路器材制造基地
	湖南耒耕轻型耕田机制造有限公司	东江工业园	轻型耕田机等农机产品	耕整机、微耕机、履带式拖拉机
	耒阳市湘发环保机械制造有限公司	东江工业园	煤矿机械系列产品	矿山机械设备的全产业链构建
	耒阳市丰收蔡伦机械有限公司	东江工业园	耕田机等农机产品	多功能耕耘机、新型双辊耕整机
	湖南省三牛机械制造有限公司	蔡伦科技工业园	耕整机、旋耕机、多功能微耕机等	小型耕整机、旋耕机品牌打造
	湖南海得工程机械有限公司	蔡伦科技工业园	工程机械锻件	铸件、结构件、履带板
	深圳新达微科技有限公司	蔡伦科技工业园	微轴承系列产品	深沟球轴承、不锈钢轴承、法兰边轴承、单向滚针轴承、平面推力球轴承等微轴承生产线4条
	耒阳颖峰数控机械有限公司	蔡伦科技工业园	数控机床系列产品	各类车铣复合、数控机床、数控加工中心3000台（套）的生产能力

续 表

产业领域	企业名称	所在园区	主导产品	未来发展重点和方向
先进装备制造	耒阳富鑫机铸有限公司	哲桥精美制造工业园	建材系列产品	铸件机、玻璃机械设备
电子信息	博多(香港)有限公司	东江工业园	电子元件	电子元件的全产业链构建
	耒阳建丰电子科技有限公司	东江工业园	电子元件	电子元件的全产业链构建
	立诚电子有限公司	东江工业园	电线电缆、插头	电子信息机电产品和通信设备配套产品制造
	晟邦科技光电有限公司	蔡伦科技工业园	LED用蓝宝石衬底、蓝宝石晶棒、蓝宝石晶体等电子专用材料	LED用蓝宝石衬底、蓝宝石晶棒、蓝宝石晶体等
	湖南岱朗光电能源有限公司	蔡伦科技工业园	太阳能硅基薄膜电池等产品	多晶硅组件、光伏发电站生产
	耒阳亚湘电子科技有限公司	蔡伦科技工业园	网络滤波器、RJ45模组	电子元件的全产业链构建
	耒阳市星宇电线电缆有限公司	哲桥精美制造工业园	10KV以下电线电缆系列产品	电子信息机电产品和通信设备配套产品制造
新材料	湖南宝山高岭土科技开发有限公司	东江工业园	高岭土深加工系列产品	高岭土和石英砂系列产品加工
	湖南客宝来生物能源科技有限公司	东江工业园	年产3000吨全生物降解膜生产线	LBP全生物降解膜生产基地及配套设施
	东方锆业新材料有限公司	东江工业园	电熔氧化锆	耐磨材料、耐腐蚀材料、核材料、汽车刹车介质材料
	湖南新华防火材料装饰有限公司	蔡伦科技工业园	新型防火门、防火板等防火材料	防火板、防火门及豪华装饰门
	耒阳市富锰矿业有限公司	哲桥精美制造工业园	电解金属锰	电解二氧化锰、锰系铁合金、锰酸锂等新材料

第五，支撑平台。新材料产业产学研合作平台。与湖南大学、中南大学、南华大学、湖南有色金属研究院、长沙化工研究所等高校和科研院所合作，建设多学科融合的新材料研发中心，建立和完善新材料研究开发、分析测试、检验检测、信息服务、推广应用等专业服务平台，促进新材料创新成果产业化和推广应用，依托骨干企业组建省级企业技术中心，争取获得湖南省及衡阳市创新能力建设重大专项的支持。

优势核心企业培育工程。发挥重点新材料企业的支撑和引领作用，加快培育一批具有一定规模、比较优势突出、掌握核心技术的新材料企业。支持新材料中小企业向“专、精、特、新”方向发展，打造一批新材料“小巨人”企业，形成以优势企业为龙头，联合产业链上下游核心企业的产业集群。

(6)“政产学研用”协同背景下开发区战略性新兴产业创新链构建的保障措施

第一，增强基础设施建设。

抓好事关招商引资的环境建设项目，坚持开发与建设并重的原则，使园区成为城市新区拓展的重要方面。严格规划控制，在现行滚动开发模式的基础上，充分发挥规划在经营城市、提高效益方面的基础性作用，合理划分园区功能区域。引导相关企业集中布局，先期拉开路网格局，大力推进组团式开发，重点抓好园区道路开通硬化。按照经营城市、聚焦园区的理念，加大园区市场化运作力度。

强化土地集约利用，鼓励入园企业建造多层厂房，最大限度地提高土地产出效益。合理确定工业用地与经营性用地的比例，切实加强土地储备，高度垄断园区土地一级市场。同时实行分类供地制度，根据工业用地、物流用地、商贸用地确定不同的供地价格和方式，科学进行工业用地、商业用地和绿地储备。

全部经营性用地严格实行挂牌拍卖，实现土地资产的效益最大化，降低园区开发成本。土地开发要由外延式开发转向集约式开发，合理利用每一寸土地，全面提高单位面积的项目投资密度和产出率。

园区企业用地坚持占地最小化原则。根据资金实际到位和建设进度实行分期供地制度，在综合考虑容积率、建设密度、投资强度、行业、就业等因素的基础上确定项目占地面积。园区内部合理确定工业用地容积率、建筑密度，新建厂区容积率不得小于国家标准，对已建成的厂区鼓励其厂区内建筑物的垂直发展。明确工业用地建筑密度标准，对社会公共性和行政性办公设施，建筑面积5000平方米以下的，采取集中建造的方式，切实解决好小而散，小而全的问题，以提高建筑密度和容积率。厂区内严格禁止建造成套的职工住宅、专家楼、宾馆和招待所等设施。

工业项目用地投资度必须达到国家建设项目用地控制指标。在建设项目审批、项目用地预留、供地审查时，依据规定的行业、产业用地控制指标及单位面积的投资强度等因素，综合确定建设项目供地数量。开发区除投资强度控制外，还应提出其他各项控制指标，比如环保指标和技术要求等。

第二，科学规划园区整体物流体系。

重点抓好“六路两园”工程建设。“六路”，即富民路、西湖大道、耒水大道、宝塔路、新城一路西段、工业大道(提质改造)。完成哲桥精美制造工业园主干道——富园路和西湖大道的规划和建设，完成富民路的道路建设。要启动工业大道二期的建设，提升中小企业创业园的形象和功能，为招商引资工作打造更好的平台。

扎实推进园区基础设施配套建设。重点做好西湖路延伸与富民路对接工作，工业大道提质改造，新城区西段建设，新城二路三路东段建设，耒水大道的建设，完善中小企业创业园、创新创业园服务业配套，提升园区整体环境。

积极推进哲桥工业新城的基础设施配套建设，蔡伦科技工业园的路网提质改造工作。通过制造业物流与电子商务的融合来实现产业结构的转型升级，大力发展电子商务等现代物流业，使园区的制造业物流由粗放物流向精益物流发展，由低端市场向科技含量高、附加值高的高端市场发展。

积极推进以工业大道、耒水大道新城一路西段，新城二路三路东段及西湖北段为核心区块的开发建设，大力储备商业商住用地，出让商业商住用地3000亩，通过引进战略投资者加强土地合作开发，加快新城区金融、办公、商住、商业综合体等服务业重点项目建设。

第三，标准化厂房建设。

标准厂房建设主要按政府引导、市场运作，通过BOT、PPP等模式，探索以房地产公司或投资商为主体进行整体开发并运作经营，政府提供土地和优惠政策由开发商自主投资、自主建设并自主招商。同时，政府做好引导服务和帮助推介，借助多种模式，解决标准厂房建设资金筹措难题，促进标准厂房建设工作顺利进行。突出规模效应，严格限制建设单层标准厂房，大力推动多层标准厂房的建设。引导开发商“按类分区”开发建设符合园区产业要求和现代工业生产设计要求的标准厂房。在大力建设标准厂房的同时还要完善厂房配套设施。

全面完成哲桥精美制造园5000亩建设和创新创业园建设，继续完善中小企业创业园服务产业。蔡伦科技工业园以自己建设厂房招商方式为主，并采用“灰色用地”方式短期出让或者租赁土地，以期引进短期小微生产企业。同时完善中小企业创业园配套设施建设，借鉴外地的成功经验，通过银行贷款、BT、BOT、PPP模式融资及包装项目融资等方式筹集建设资金，使其成为招商引资的创业基地，成为中小企业孵化区；加快建设创新创业园区。在蔡伦科技工业园规划200亩地，加快17.5万平方米标准厂房（二期）修建性详规等专业规划、公开招投标、报批报建等工作，尽快启动标准厂房（二期）建设；借助多种模式，寻找合作伙伴，破解标准厂房建设资金筹措难题，协调绿海二期、衡阳晟邦、西汉尊、拓宇电子等企业自主建设标准厂房。

第四，对园区进行“灰色用地”布局。

“灰色用地”的设置能引导部分工业项目以短期出让或租赁的形式获取土地，有利于提高工业用地利用效率。园区中东江工业园区即需要进行土地的科学再处置，为达到这一目标，我们在明确“东江工业园区灰色用地”规划布局原则的基础之上，提出了短期型和长期型产业区。长期型产业区主要分布园区的主导产业，可选择目前的主导产业进行培育；而短期型产业区是“灰色用地”的选区，主要为了盘活存量土地，需要低挡起步来培育市场。在发展中前期可以引入食品加工、纺织、服装制造、电子设备制造等劳动密集型产业；在发展中后期可以部分转型为房地产、综合技术服务、管理与中介、教育培训和生产型服务业，实现园区产业的“退二进三”。

加强规划管理，促进企业内部结构合理化。严格控制企业内部的行政办公等辅助设施用地面积，一般不得超过总用地面积的7%。严格控制厂区内预留地，工厂发展用地要根据批准的项目可行性研究报告的规定预留。一次性建设即可完成的项目不保留预留地。较大规模且需分期建设的项目，确需预留发展用地的，必须根据其实际的到账资金和生产建设进度分期确定供地数量，报县、市政府审批。

建立园区用地动态跟踪管理档案，对园区建设用地使用情况动态巡查。同时建立预警提醒机制，对将到约定开竣工时间尚未开、竣工的项目，提醒用地单位及时履行合同约定。定期评价土地集约利用水平，对用地企业上一年度项目实施缺口进行复核评价，形成土地资源节约集约年度评价报告。

提高用地门槛，建立用地考核标准，制定入园企业的管理规定，严格按

《工业项目建设用地控制指标》设置准入门槛，并加强对企业建设过程的监管，确保达到规定的固定资产投资强度。加强对已建成企业的用地考核，对达不到控制指标的企业，要督促其通过建造新的厂房扩大生产规模，进行技术改造和产品升级，转变生产方式以及调整产品结构等措施提高用地指标，对用地潜力较大，而自身又无能力利用的企业，可将剩余闲置的土地收回，用于其他企业项目建设用地。

第五，科学招商引资活动。

以打造园区主导产业为目标，树立全新招商引资理念，实现小招商向大招商转变，突出蔡伦科技工业园、哲桥工业新城、中小企业创业园和创新创业园区四个招商平台的主体地位。树立全员招商引资意识，重点突破园区建设和招商引资工作中的难点及误区，做到内资、外资一个待遇。灵活运用优惠政策，创造宽松投资环境。符合国家产业政策，投资额度大、科技含量高的特殊或较大项目，采取一事一议、特事特办的做法给予更多优惠。全方位多形式开展招商引资工作。利用资源、土地、劳动力等优势，瞄准500强，着力引进国内外龙头企业，形成招商引资的示范效应、带动效应。开展产业链招商，以主导产业为优势，努力做好产业资源的规划、整合、包装，针对招商对象，积极实行专业化招商。

应当积极以园区主导产业规划为招商引资的标准，开展多形式的招商活动，继续敲门招商，尝试与专门的中介公司签约招商，逐步从政策招商转向产业招商。力争引进1—2家五百强企业或是行业龙头企业，逐步形成健康食品加工、先进装备制造、电子信息、新材料四大产业链，重点引四大主导产业中的核心企业入园，并按照"大项目—产业链—产业集群—产业基地"的模式建设发展。

要立足于"知名企业、三高企业、500强企业"的引进。园区应当根据本地资源和产业优势，积极承接国内外产业转移，突出发展特色产业，打造特色产业链条，使其不断拉长、加宽、增厚，增强产业招商优势。严把入园项目质量关，规范入园企业评审，持续提高项目容积率、投资强度、投入产业比例、税收含量、开工进度等方面的准入门槛，完善项目论证和评审机制，确保招商引资项目用地向无污染、低能耗、高技术含量、高产出的优势高科技项目倾斜。

在招商引资上应在加大产业招商的同时，进一步拓展招商引资领域，积极寻求、创造与境外客商合作开发建设的条件，力争在2—3年内引进外资合作或合资项目实现"大"突破，让园区招商引资工作向更高层次、更广领域延伸发展。在实际运作过程中，可以利用企业优势，吸引上下游企业配套；也可以利用产业优势，吸引集群式投入；还可以利用地缘优势，实行区域招商等。

广泛利用上门招商、节会招商、网上招商、中介招商等方式。要"走出去"，也要"请进来"，搭建招商引资平台；开展网上招商，加快信息化建设步伐。还可以通过外资对园区的内资企业并购投资，来迅速扩大招商引资规模，改善企业运行质量；同时还可以把民资招商作为战略趋向，使之成为有益的补充，并积极扶持，促其壮大，使其发挥作用。

推行园区企业落户"一章通"，实行一个窗口对外、一站式审批、一条龙服务。项目建设"零收费"，配套项目在申办、建设、经营过程中的各类行政事业性收费、基金、专项资金、附加费一律免交。事务办理"交办制"，定期组织走访调研活动，整理问题进行逐项讨论，每月组织各职能部门召开企业反映突出问题交办会，每次确定 3—4 次议题作为重点督办项目。部门服务"三公开"，公开身份、公开责任、公开承诺，实现招商引资公开、公平、公正，有效增强投资商到园区投资创业的热情。

促进园区开放型经济发展投资，在园区内设立投资促进发展基金（以下简称基金），在规定的政策扶持范畴内，根据投资企业的成长性及投产后税收贡献情况给予企业适当扶持。基金来源：由土地出让收益金溢价部分和按一定比例提取的税收地方留成部分，以及上级政策支持资金组成，基金纳入年度财政预算。主要扶持工业项目（含农业精深加工项目）、现代服务业项目、现代农业项目、总部经济、创新型项目、特大型项目、企业上市等。

第六，创新投融资机制。

增加园区的财税收入总量，建立园区一级财政体制。积极推进园区经济开发总公司的市场化转型。积极争取园区基础设施建设财政贴息，制定和实施稳健的银团开发贷款计划，通过银行贷款、带资建设、BOT、PPP 模式融资及包装项目融资，多渠道确保园区开发建设资金。支持园区规范设立创业投资基金及小额贷款公司等新型金融组织，采取多种方法为园区基础设施建设融资提供保障。

在制定园区产业集聚的财税政策时，应该充分考虑园区发展的长远规划，以产业结构调整为依托、以战略性、前沿性新兴产业为核心、以关键技术为突破口，实施积极的财政政策和税收优惠措施。财政扶持政策和税收优惠措施作为重要的宏观调控工具，具有支持和引导产业的作用。进一步健全完善园区试点优惠的税收政策，应与国家的产业战略和科技发展动态方向基本一致，应与当前国家鼓励优先发展的一些科技项目相结合，才能使这些优惠政策成为促进园区产业集聚和科技创新的有力杠杆。因此，应该坚持有利于促进园区战略性、前沿性新技术发展的基本原则，通过制定一系列的财政激励政策和税收优惠政策，引导园区产业集聚与产业结构调整协同发展，不断促进园区战略性、前沿性新兴企业和自主创新产业的集聚。

认真研究国家、省市相关政策，积极做好向上争取工作，力争在“十三五”期间获得省级创新融资平台的资金支持。抢抓金融部门支持城镇化建设以及国家将进一步加大对资源枯竭城市的援助力度等机遇。对重点发展的支柱产业实施减免行政事业性收费和各类规费的优惠政策；对重点产业投资项目，由财政出资给予贷款贴息，优先保障项目用地并提供一定的优惠，通过降低企业和项目的运营成本，推动支柱产业加快发展。采取财政直接补贴、返税等优惠办法，同时鼓励本地企业在新三板上市。

把园区的土地等主要经营性资产全部配置给开发区工业经济发展集团，并通过盘活和经营好城市资源，实现资产的增值和价值的显现；把资源收益全部返还给经济开发总公司，增强公司的投资和偿债能力，使其在融资、投资、回报、偿债等方面实现良性循环。通过银行贷款、BOT、PPP 模式融资及包装项目融资等方式筹集建设资金。将开发建设后所形成的基础设施存量资产，以及财政历年投入所形成的实物资产（包括土地、道路、标准厂房等可用于抵押的资产），通过划转和授权经营方式注入园区工业经济发展集团，扩大园区工业经济发展集团资本注入来源。

第七，拓宽园区融资途径。

以新组建的园区工业经济发展集团为依托，在适当时机考虑发行企业债券来进行融资，同时帮助园区内企业进行有效的化债。具体方式可以考虑学习省内外先进园区的经验，通过承销团成员设置的发行网点向境内机构投资者公开发行的部分在中央国债登记公司开立的一级托管账户中托管记载。报批后，一方面要委托金融机构向社会公开发行。以簿记建档、集中配售的方式，向机构投资者协议发行和承销团成员设置的发行网点向境内机构投资者（国家法律、法规另有规定除外）公开发行；另一方面要积极争取银行支持，由专业银行统一认购。

同时支持园区规范设立创业投资基金及小额贷款公司等新型金融组织。鼓励园区建立各类担保机构。支持园区内企业发行企业债券、中期票据、短期融资融券、集合债、集合票据等融资产品，扩大直接融资规模。通过包装项目融资，包装一批开发项目，以商补工。同时可以将园区内路标、显著位置的广告权，道路、桥梁等的冠名权，区内餐馆、超市、书店、运动场馆等的特许经营权以一定价格出让给企业，或者通过拍卖来获得收益。

完善开发区金融服务体系，实施金融产品和服务创新，加强对融资、担保、创业辅导、技术支持、员工培训等功能性公共平台建设，推行“一站式”“一窗式”服务，提高办事效率，提供全方位、多层次、宽领域、高水平的服务。设立各类创业创新和创业投资基金，吸收社会资本，组建电子信息、机械和装备制造、新材料等产业投资基金，以战略性投资形式支持支柱产业和重点企业发展。设立创业投资政府引导基金，参股组建创业投资基金，支持符合中长期创业发展方向的科技型中小企业发展。完善支持农业、中小企业等发展的专业性金融服务体系。健全开发区中小企业金融服务体系，鼓励通过多种渠道融资、组建中小微企业融资担保机构，为中小微企业发展的合理资金需求和金融服务需要提供切实的支持。

第八，选取政策性银行进行融资。

由于政策性银行贷款周期较长、利率较低的优势，开发区融资可以主要考虑选择政策性银行，具体思路为：

国家开发银行贯彻国家宏观经济政策，筹集和引导社会资金，缓解经济社会发展的瓶颈制约，致力于以融资推动市场建设和规划先行，支持国家基础设施、基础产业、支柱产业以及战略性新兴产业等领域发展和国家重点项目建设，促进区域协调发展和城镇化建设，支持保障性安居工程、中小企业、“三农”、教育、医疗卫生以及环境保护等领域的发展。

园区可以考虑在战略性新兴产业领域寻求国家开发银行的支持，特别是光伏发电等清洁能源项目建设属于目前的支持重点；在开发区环保及节能减排等方面寻求国家开发银行的支持，特别是循环经济、污水垃圾处理设施建设、清洁及再生资源利用等领域属于目前的支持重点；在中小企业创业园中寻求国家开发银行普惠金融理念的支持，特别是小微企业业务创新和风险防范能力增强方面属于目前的支持重点。

中国农业发展银行主要职责是按照国家的法律、法规和方针、政策，以国家信用为基础，筹集资金，承担国家规定的农业政策性金融业务，代理财政支农资金的拨付，为农业和农村经济发展服务。

园区可以考虑将园区内健康食品加工产业中的农业企业进行整合，选取农业产业化龙头企业贷款和农业科技贷款两个种类进行有针对性的项目孕育。

农业产业化龙头企业贷款，是指依据国家政策规定，对农业产业化龙头企业发放的，用于包括流动资金以及技术改造、仓储等农用设施建设和生产、加工基地建设所需的中长期(项目固定资产)贷款。农业产业化龙头企业贷款分为商业性流动资金贷款和商业性项目贷款。

农业科技贷款是指农发行按照国家政策规定，为支持农业科技创新与推广应用而发放的政策指导性贷款。农业科技贷款按贷款用途分为流动资金贷款和固定资产贷款。流动资金贷款主要用于解决借款人实施农业科技转化应用的流动资金需要；固定资产贷款主要用于解决借款人实施农业科技转化应用中新建、扩建、改造、开发、购置固定资产投资项目和生产基地建设项目的资金需求。

第九，强化开发区安全生产。

以科学发展观统领全局，以保障人民群众生命财产安全为根本出发点，以防范各类事故为重点，以减少人员伤亡为目标，坚持安全发展理念和安全第一、预防为主、综合治理方针，深入开展安全生产执法、治理和宣传教育行动，全面加强法制体制机制、保障能力和监管监察队伍建设，积极推进安全标准化建设，强化责任制落实。

进一步深化危险化学品、烟花爆竹、人员密集场所专项整治。严格执行危险化学品、烟花爆竹、建筑施工、民用爆破器材等行业和领域安全生产许可制度。完善危险化学品安全监管部门协调机制，落实监管责任。督促和检查重点辖区、重点企业事故预防措施的制定和落实。构建较为完善的特种设备安全监察动态监管体系、安全责任体系、安全评价体系和应急救援体系。加强在役特种设备安全监督检查，及时消除事故隐患，加强特种设备检验检测机构建设，提升特种设备安全检验检测能力。

坚持并完善安全生产责任制考核制度，严格落实安全生产考核奖惩制度，进一步调动各级抓好安全生产工作的积极性。注重组织领导、工作规划、规范标准、制度建设等基础工作。构建企业安全生产信用体系，推行安全生产责任承诺制度，推进企业安全费用提取制度和安全生产风险抵押金制度的落实。进一步规范安全监管工作。督促指导企业深入开展岗位达标、专业达标和企业达标等安全生产标准化工作，消除企业潜在危险隐患；培育并树立推广一批标准化建设较好的典型示范企业。

牢固树立排查治理隐患就是防范事故的观念和隐患治理“整改内容、整改标准、整改措施、整改时间进度和整改责任人”的要求，突出危险化学品、建筑施工、油气管线、人员密集场所、非煤矿山等重点领域行业，将隐患排查治理工作纳入安全生产目标考核范围，对安全生产第一责任人和直接责任人进行问责，确保隐患排查治理工作责任到位、措施到位、督查到位，不留死角、不漏环节、不降标准。

落实用人单位职业健康管理主体责任。建立健全职业卫生管理制度，依法设置管理机构，配备职业健康管理人员，落实职业危害防治工作经费和各项职业病防治措施。开展作业场所职业危害普查与抽样监测，加强重点职业危害因素监测和职业健康风险评估。加强职业危害重点行业领域企业负责人、职业健康监督员和从业人员的职业危害知识培训。严格执行职业危害申报和职业卫生安全许可，强化职业健康监督检查，督促企业开展粉尘、高毒物质危害专项治理，严厉查处各类职业安全健康违法行为。

建立完善安全监管执法人员培训、执法资格、考核等制度，分级分类建立以岗位职责为基础的能力评价体系。实施安全监管执法人员培训工程。到2020年各级安全生产监管执法人员的执法资格培训及持证上岗率达到100%，专题业务培训覆盖率达到100%。安全监管部门基础设施建设达标率分别达到100%，安全监管部门执法交通专用工具、现场监督检测、听证取证等执法装备全部配备到位。实施计划执法和安全生产精细化、网格化管理，运用信息化手段提高安全生产监管水平。

把安全生产纳入经济社会发展的总体规划，把安全生产控制指标纳入经济社会发展统计指标体系，建立安全生产与经济社会协同发展的综合决策机制。不断强化安全生产综合监管，明确行业主管部门安全生产监管专项职责，强化安全生产预警问责机制。

加强安全生产联合执法，完善各部门间安全生产监管联动机制。落实企业安全生产属地监管责任，强化企业安全生产主体责任落实。依照安全生产相关部门职责分工，分解、落实规划实施责任，确保规划确定的安全生产各项任务、工程顺利完成。各相关主管部门要按照职责分工，把规划的内容纳入本部门年度工作计划，健全和完善安全生产考核控制指标体系。

第十，优化企业入园的公共服务体系。

支持行业龙头企业牵头建立产业联盟。激发商会活力，充分发挥行业协会、异地商会等社会中介组织的作用。行业协会内部逐步建立起适应自身服务功能的“专家库”和“智囊团”，使协会在开展咨询、培训、协调、监督等各项服务工作时权威性强、质量高、影响力大。一方面利于吸引有代表性的企业和个人入会，壮大会员队伍，另一方面，也可以通过开展咨询、培训、办展等服务解决一些经费缺乏的现实困难。

以服务产业开发区、产业集群为重点，加强创新、创业、投融资、信息、技术、物流、市场等各类公共服务平台建设。完善中小企业公共服务网络，引进和培育一批优质服务机构，全面提高为中小企业服务的水平。大力发展面向工业企业的电子商务服务平台，加速信息化进程，逐步建立健全向全社会开放的中小企业、工业园区信息服务系统。加快企业公共信息平台建设，帮助企业建立网络平台，开展电子商务，实现信息融合互通。

开发区要加强金融、科技、人才、劳动用工、信息、市场等方面的服务体系建设。鼓励高等院校、科研机构与园区企业开展多种形式的技术合作，创建生产力促进中心、科技孵化基地等，构建为企业自主创新、消化吸收再创新、科技成果产业化、专利技术产业化提供高效优质服务的立体化创新体系。加快建立标准检测、专利服务、技术评估、产权保护等科技中介服务机构。加快发展工业设计和工业产品研发机构以及为企业提供商务服务的会展、担保、咨询、会计、审计等中介服务业，支持生产性服务业集聚发展。积极组织开展广泛的经贸活动，帮助企业拓展市场空间。税务、海关、商检等部门要主动为入园企业开展产品检验检疫、出口退税等业务。

大力发展物流、商务服务、金融等生产性服务业，带动服务业整体水平提高，增强园区产业发展配套能力。力争 2020 年实现年营业收入 10 亿元。其中弘湘投融资有限公司投资 3 亿元，为企业在高科技风险、基础设施等方面的投资进行担保并为企业提供资本运营及管理咨询服务。信行物流有限公司投资 5000 万元，兴建厂房，购买设备为全区企业提供物流、运输服务，年产值可超过 5 亿元。

要建立和健全促进园区内各类人才合理流动的市场机制和激励机制，鼓励和吸引海外留学人员、大中专毕业生、外出务工经商人员到园区投资创业，鼓励社会各方面力量为园区培养人才。按照"企业招工、学校代培，供需对接、渠道畅通"的要求，建立工业园区企业劳动用工的市场运作机制，并根据园区和企业的发展状况进行动态化调整和创新。

学习先进产业园区的经验，可以考虑建立开发区技术个人培训中心，培训中心的科目将成体系并成为服务园区经济的重要载体。根据耒阳经济开发区经济发展和支柱产业的普遍需求，可以考虑开设应用电子技术、计算机网络技术、数控技术、模具、生物技术及应用、食品检测与管理、能源工程、电子商务、会计、物流管理、金融保险、食品检测与管理、科技成果中介服务等培训科目。

严格把关工业园区项目，进一步强化循环发展基本方向。工业园区入园项目应属于国家产业结构调整指导目录中鼓励类产业，应是符合园区产业规划、有利于园区可持续发展的项目。重点围绕健康食品、先进装备制造、电子信息、新材料等产业领域，大力引进提高资源利用效率核心性项目、延长产业链条关键性项目以及增强新产品开发能力和品牌创建能力的骨干性项目，严禁引入淘汰类产业项目和国家产能严重过剩项目。

严格实行环保节能标准，提高入园项目"门槛"。实行工业园区绿色准入、有偿使用环境资源等制度，严格执行强制性污染排放标准和污染收费制度。注重引进项目的技术含量、清洁化生产能力以及企业利用新能源、生产绿色产品、保护和恢复生态环境的水平。对入园项目的建设、生产工艺和排放标准必须严格对照污染物排放标准和环境质量管理要求进行审查，强化固定资产投资项目节能评估和审查，严格限制高能耗项目进入。

进一步完善开发区整体考核制度，在考核园区每平方公里的投资强度、销售收入、财税收入、出口创汇、劳动就业等相对指标的基础上，将工业集中度（即园区产值占当地工业总产值的比重）、产业集聚度（即园区内主导产业产值占园区总产值的比重）纳入考核范围，促进开发区加快产业结构调整，壮大产业集群，提升产业层次。建立项目评估制度，按照经济效益、社会效益和生态效益相统一的原则，加强政府对开发区产业发展的宏观调控，实行项目准入制，建立以投入产出率、资源循环利用率、社会贡献率为基本框架的综合指标评价体系，严格执行环境影响评价一票否决制，促进产业结构优化升级，防止重复建设和低水平发展，切实保护生态环境。

凡在“负面清单”以外，符合准入标准的企业投资项目，由企业自主决策，政府不再审批。凡列入负面清单中的行业（或项目）必须按规定程序严格审批，负面清单以外的工业投资项目，全部实行立项审批告知性备案制度。企业根据项目可行性研究报告，明确项目的产品方案、原辅材料、主要生产工艺、各项经济技术指标、环保治理措施、能耗、投资结构等基本情况，如实填写《耒阳市工业投资项目不再审批告知性备案表》，直接办理告知性备案手续。已经列入国家及各级地方政府产业政策的禁止（淘汰）类及落后产能目录内的行业不再予以准入，也不再列入负面清单。

10.3 衡阳市战略性新兴产业新材料产业案例

（1）新材料产业发展现状

一是产业基础良好。目前衡阳市已形成了新型电子信息材料、先进生物医药材料、高性能结构材料、核工业产品及配套产业材料、先进硬质材料、新能源材料等六个具有比较优势的产业领域，稀有金属、盐卤化工、绝缘材料、新型陶瓷、电子信息材料和硬质合金材料加快发展，引进和培育了一批以富士康科技、共创光伏、金杯电缆、世纪合金、瑞达电源等为代表的龙头企业。关键项目和骨干企业起到了技术突破和引领发展的作用。

二是创新能力较强。衡阳市企业技术创新服务体系逐渐完善，服务功能不断增强，助推了新材料产业集群发展，拥有南华大学的核工业第六研究所、核能经济与管理研究基地、湖南工学院、化工研究所等重点高校和科研机构，研发能力较强，近年来取得国家和省级科学技术奖励、各类专利多项，居全省前列。

三是市场空间广阔。近几年来，省内的汽车、工程机械、风电装备、高速铁路、新能源与节能环保等产业的快速发展，为衡阳市新材料产业的发展提供了巨大的市场空间。

四是服务平台完善。衡阳市白沙工业园、松木经开区、华新园区在道路、电力、天然气、通讯、供水、污水处理等市政设施配套方面都实现了针对性的战略规划和配套建设。

五是新材料产业发展所需的天然资源丰富。比如：衡阳高岭土、钠长石储量丰富，其中钠长石储量居亚洲之首。衡阳县界牌镇的瓷泥资源不仅储量大，而且品质优越，其矿产资源以桃红泥为主，辅之白砂泥、红砂泥等十几个高中低温泥种，黏性强，纯白无杂，含铝量高，生产光伏玻璃所需的脉石英、石英岩、钠长石、纯碱等五种原材料全面配套，应有尽有。

(2)新材料产业发展目标

深入贯彻落实科学发展观，巩固和提高我市优势新材料产业的地位和水平，以推动新材料产业结构调整为主线，以科技创新和产业化发展为突破口，以产业基地建设和集聚发展为抓手，依托现有基础，重点支持稀有金属、钒铁钨铁、新型化工、新型玻璃、新型陶瓷、绝缘材料等新型特色材料及深加工产品的研究开发和生产；重点推进若干个重大关键项目的开发建设，突破一批关键核心技术，带动相关产业及配套产业发展；以自主创新为动力，实施重大项目带动战略，加大政策和资金扶持力度，营造良好发展环境，促进生产要素向优势企业集中，延伸产业链条，形成产业群体；支持鼓励新材料应用推广，推动新材料产业成为我市新的经济增长极。

力争到2020年，建立起具备一定自主创新能力、产学研用紧密结合、产业结构调整优化升级和支撑作用明显的新材料产业体系。新型电子信息材料和核工业产品材料保持现有领先地位，高性能结构材料、先进生物医药材料、新能源材料和先进硬质材料进入全省第一方阵。衡阳市范围内的省级以上园区(园区)普遍建立战略性新兴产业功能区。

产业规模进一步壮大。到2020年，衡阳市新材料产业产值突破200亿元，年占GDP比重超过1.4%，实现利税33亿元以上。产业结构进一步优化。到2020年，打造年销售收入超100亿元的龙头企业1家、超50亿元的骨干企业1家，集聚年销售收入超10亿元的重点企业6—10家，建成3—5

个主业突出、产业配套相对齐全的新材料产业基地和产业集群。

创新能力进一步增强。面向新材料产业关键核心技术和重大战略性产品，到 2020 年，建设国家和省级企业技术中心、工程（技术）研究中心、工程（重点）实验室达 6—10 家；建设 3—5 个国家级创新平台，建设形成 6—10 个省级创新平台，10—30 个企业创新平台，材料研发和应用技术取得新突破，年专利申请量 1000 个以上。

（3）新材料产业发展重点

根据国际前沿技术的发展趋势和衡阳市的实际，将优先发展新型电子信息材料和新能源材料，做强做精核工业产品材料、高性能结构材料和先进硬质材料，积极培育新型化工材料和先进生物医药材料的提质升级，扶持新材料发展，继续攻克新材料产业化共性关键技术，提高资源和能源利用率。

第一，新型电子信息材料（如表 10-5 所示）。

主要任务：围绕软件服务、网络经济、物联网、三网融合、云计算等应用对新型电子信息材料的需求和制约瓶颈，攻克混合集成电路、电容屏专业设备、光电互感器的生产关键技术，力争使光电磁存储转换材料及元器件、软磁铁氧体磁芯、背光和半导体混合集成电路等产品达到国际先进水平，使液晶显示器和电容屏专业设备、光通信陶瓷基光连接器系列产品达到国内先进水平。

重点方向：重点发展以富士康科技为代表的电子产品项目，以博深实业为代表的高性能光电磁存储转换材料基地项目、新型液晶显示器专用磁芯材料项目，以华砷科技为代表的高纯度砷及其系列产品项目，以中科光电为代表的光通信陶瓷基光连接器产业项目。

表 10-5　新型电子信息材料代表企业和重点项目

代表企业	重点项目或产品
富士康	生产便携式电脑、背光板和电子书浏览器等电子产品所需的各类元器件材料
立新世纪	OLED、LCD、LCM 及 LED 背光、半导体混合集成电路、片式元器件材料
博深实业	生产高性能光电磁存储转换材料及元器件、新型液晶显示器专用磁芯产品的新型材料

续 表

代表企业	重点项目或产品
华砷科技	高纯度砷及系列产品项目、生产应用于信息通信光电子、遥感探测、航空航天、军事装备等领域基础材料
中科光电	光通信陶瓷基光连接器系列产品基础原材料
得意精密电子	电子信息产品周边连接器产品的基础原材料

第二，核工业以及其他新能源材料（如表 10-6 所示）。

主要任务：围绕各类产业发展对清洁能源和高效能源的需求，一方面依托中核二七二铀业现有的产业基础，重点实施一批核工业和核电建设项目，攻克核工业输变电配套产业建设所需各类原材料的生产关键技术，带动核电用泵、阀、电缆、输变电装备、仪器仪表等产业发展；另一方面，围绕电动汽车和大功率储能装备对电池材料的需求，攻克比容量和比功率不足、宽环境适应性和高安全性不强、生产自动化水平低等关键技术；力争使锂离子和硅基太阳能电池材料达到国际先进水平，使核工业输变电配套产业建设所需各类原材料和太阳能光伏玻璃材料达到国内先进水平。

重点方向：以衡阳二七二厂为代表的海绵锆材料项目，以特变电工衡阳变压器为代表核电机组变压器产业化项目，以华菱衡钢为代表的热处理关键高合金核电用管产业化技术改造项目，以金杯电工衡阳电缆为代表的核电用 K1、K2、K3 电缆产业化项目；以中建材为代表的超白压延太阳能玻璃及深加工生产线项目、超白浮法太阳能玻璃及深加工生产线，以共创光伏为代表的非晶/微晶硅叠层薄膜及电池模组项目，以湖南岱朗为代表的太阳能非晶硅光电薄膜模块项目。

表 10-6　核工业以及其他新能源材料及配套产业的代表企业和重点项目

代表企业	重点项目或产品
中核二七二铀业	核级海绵锆、海绵铪、核反应堆芯结构材料
特变电工	核电机组主变压器生产所需基础原材料
华菱衡钢	核级管道生产所需的基础原材料
中钢集团	高品质核电用钢新型材料（铍基合金、钨基合金、镍基合金、镍钼合金、铍钼合金、硼基合金）
金杯电缆	核电专用电力电缆生产所需的基础原材料
衡变电力	核电配套 220KV 变压器生产所需的基础原材料

续 表

代表企业	重点项目或产品
中建材集团	太阳能电池盖板材料、超白压延太阳能玻璃及深加工生产线、超白浮法太阳能玻璃及深加工生产线、TCO 导电膜玻璃生产线等产品生产所需的基础原材料
共创光伏	硅基太阳能电池和 50MW 太阳能电池产品所需的纳米薄膜新材料
岱朗光电	太阳能非晶硅光电薄膜模块生产所需的基础原材料

第三，高性能有色金属和硬质结构材料（如表 10-7 所示）。

主要任务：围绕先进装备对高性能有色金属和硬质结构材料的需求，攻克高精度硬质合金、耐热钢组元、陶瓷不锈钢、超细铋粉末的生产关键技术；攻克超细超匀超纯粉体的合成技术、高强高韧功能结构一体化材料制备技术以及硬质材料的精深加工等关键技术；力争使高性能有色金属结构材料和高纯锡及其高端材料合金材料达到国际先进水平，使钽铌类化合物、绝缘材料和干挂空心陶板材料达到国内先进水平。

重点方向：以恒缘电工、星鑫绝缘为代表的高品质反坦克导弹翼片、高分子合成材料高速高铁产品项目，以中耀陶板为代表的高性能陶板产业项目，大力支持铍、锆、钽、铌等稀有金属材料的发展；以金则利特种合金为代表的电磁不锈钢和高铁高导接地端子材料项目，以世纪特种合金为代表的矿山、油田钻头用的球齿、复合片基片、超细纳米材料项目，以衡阳博邦硬质合金、程蓝钨业、骏发锡业为代表的高端合金材料、硬质合金深加工工具材料及高纯锡材料项目。

表 10-7　高性能有色金属和硬质结构材料产业的代表企业和重点项目

代表企业	重点项目或产品
金新莱孚	生产氟钽酸钾，氧化钽、氧化铌等主要用于电容器、电子陶瓷制品的钽铌类化合物所需基础原材料
天雁机械	耐高温涡轮增压器产品项目所需的基础原材料
恒缘电工	高性能高度高铁用新型绝缘材料
星鑫绝缘	开发生产高品质的反坦克导弹翼片、高分子合成材料铁路扣件等产品的新型原材料
金则利特种合金	电磁不锈钢和高铁高导接地端子新型材料
创大冶金	钨铁和钒铁合金新型材料

续 表

代表企业	重点项目或产品
湖南世纪特种合金	生产矿山、油田钻头用的球齿和复合片基片，煤炭采掘用的合金片和截齿所需的超细纳米材料
志远新材料	铼系列产品块生产所需新型原材料
南东有色	大尺寸钨及钨合金板材新型材料
鸿菱石油管材	高效特殊螺纹油套管生产新型原材料

第四，新型化工和先进生物医药材料（如表 10-8 所示）。

主要任务：围绕交通运输、能源和电力、生态产业、文化创意等对新型化工材料的需求和制约瓶颈，攻克基于国产原材料的脱硫脱硝工艺、烟气制酸工艺、饮用水净化工艺等关键技术；围绕衡阳市中药养生及生物滋补中成药、疫苗和基因工程产品、化学药品及医疗器械等产品快速发展的契机，攻克功能薄膜材料、环境友好材料、生物基材料、医用新材料、纳米材料及其器件的生产关键技术；力争使双季戊四醇六丙烯酸酯达到国际先进水平，将氟化盐产品、高中性能涂料、“古汉养生精”和“注射用灯盏花素”等产品所需的生物医药材料达到国内先进水平。

重点方向：以建滔化工为代表的 PVB 树脂和环氧树脂产品的高分子复合材料项目，以玉兔化工为代表的年产 1000 吨双季戊四醇六丙烯酸酯生产线，以市化工研究所为代表的催化剂及防腐涂料生产线建设项目，以紫光古汉为代表的生产生物滋补中成药所需的生物基项目，以恒生制药为代表的化学药品及医疗器械所需的纳米材料及其器件项目。

表 10-8　新型化工和先进生物医药材料产业代表企业和重点项目

代表企业	重点项目或产品
建滔化工	PVB 树脂和环氧树脂（直板）产品的高分子复合材料
玉兔化工	年产 1000 吨双季戊四醇六丙烯酸酯所需新型原材料
旺华萤石、鸿达化工、春昌有色	氟化钠、氟铝酸钠等产品、仲钨酸铵等氟化盐产品生产所需新型原材料
宇通矿业	超细、增白处理的重晶石新型材料
金化科技	水基石墨润滑剂和硼砂抗氧化剂
市化工研究所	催化剂及防腐涂料等新型材料

续　表

代表企业	重点项目或产品
紫光古汉	生产“古汉养生精”所需生物基材料、医用新材料、纳米材料及其器件
恒生制药	生产“注射用灯盏花素”所需生物基材料、医用新材料、纳米材料及其器件

(4)“政产学研用”协同背景下衡阳市新材料产业发展措施

大力实施四项关键材料工程，努力打造五大支撑平台，加快推进重大项目建设，做大优势、做强特色、提升水平，力争使衡阳市新材料产业成为全省重要的新材料产业基地之一，成为推动衡阳市经济发展的主导力量。

第一，优化产业布局。

按照政府推动、市场主导、资源共享、优势互补、协调发展的原则，积极承接国际国内新产业转移。引导现有企业向新材料产业园区集中，以重点骨干企业为龙头，集合要素资源，通过调整产业结构，优化产业布局，引导企业由小型化、分散化向专业化、规模化和集约化方向发展。促进产业集聚和专业分工，完善产业配套体系，培育发展壮大一批功能互补、特色鲜明、具有辐射和带动效应的新材料产业集群、产业基地或产业园区，提高新材料产业发展的集聚度，使得衡阳市新材料产业朝着主体多元化、生产园区化、管理集约化、产品系列化、产业链条化的方向快速发展，企业之间形成横向配套、纵向延伸、分工合作、有机衔接、良性竞争、互促互动的新格局：一是重点支持建设白沙—云集新型电子信息材料产业带；二是将白沙工业园(含跨江东延的东阳渡、中核二七二工业区)打造成为综合性的新材料产业园，重点支持核工业产品及配套产业材料、高性能结构材料两大产业基地建设；三是在松木经开区扶持建设新型化工材料、新能源材料和新型建材三大产业功能区；四是依托衡东大浦工业园现有产业基础，发展先进硬质材料和新型化工材料两大产业群。具体的产业布局如图10-7所示。

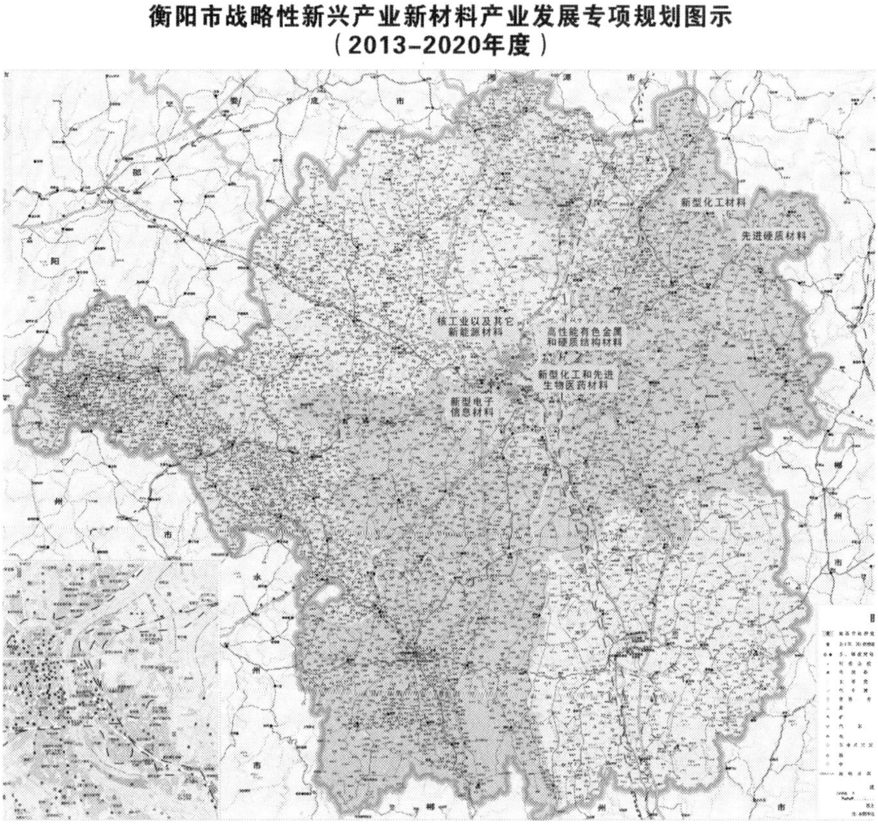

图 10-7　衡阳市战略性新兴产业新材料产业发展图示

第二，培育产业链上的核心企业。

发挥重点新材料企业的支撑和引领作用，通过强强联合、兼并重组，加快培育一批具有一定规模、比较优势突出、掌握核心技术的产业链上核心新材料企业。支持新材料中小企业向“专、精、特、新”方向发展，提高中小企业对大企业、大项目的配套能力，打造一批新材料“小巨人”企业。鼓励原材料工业企业大力发展精深加工和新材料产业，延伸产业链，提高附加值，推动传统材料工业企业转型升级。一方面，加强新材料企业与产业链上其他个体间的联系，既充分把握技术市场需求，避免研发方向出现偏差，又加快技术成果转化速度。另一方面，积极培育一批技术水平高、资金实力强的龙头企业，引导优势资源的流动，提升产业集聚能力，联合产业链上下游核心企业的产业联盟，形成以新材料为主体、上下游紧密结合的产业体系，推动技术创新互动，充分发挥辐射、示范作用，有效提升技术供给能力。

第三，实施四大工程。

重点支持实施四大关键材料工程，有效支撑装备制造业等战略性新兴产业和优势规模材料产业的持续发展。

电子信息产品关键材料工程：围绕电子信息产业发展需求，重点实施三类电子信息产品关键材料工程：一是高性能光电磁存储转换材料、新型液晶显示器专用磁芯材料工程；二是高纯度砷及系列基础材料工程；三是光通信陶瓷基光连接器材料工程。

工程机械关键材料工程：围绕工程机械对高强度结构钢、高性能刀具、耐磨材料等的需求，重点组织实施四类关键材料工程：一是超细晶高精度硬质合金以及超粗晶、耐磨损、长寿命硬质合金工程；二是高纯锡及高端材料合金材料工程；三是高品质绝缘材料工程；四是高强度、高硬度、耐磨损、耐高温新型陶瓷材料工程。

新能源装备关键材料工程：围绕新能源关键装备发展的需求，重点实施三类关键材料工程：一是核能装备用材料工程；二是太阳能光伏电池材料工程；三是超白压延太阳能玻璃材料工程。

关键基础材料提升工程：围绕重大工程对优势规模基础材料提质升级的需要，主要推动实施五类材料工程：一是稀土及有色金属深加工工程；二是功能薄膜材料、环境友好材料、生物基材料提升工程；三是纳米材料及其器件提升工程；四是稀贵金属循环利用工程；五是新型精细化工材料提升工程。

第四，打造四大平台。

①技术创新平台。一是加强科技基础设施和创新平台建设。以重点企业、大专院校和科研院所为主体，建设以电子信息材料、核电设备、高性能有色金属结构材料、太阳能电池材料、高强高韧功能结构一体化材料等技术开发和以新产品、新工艺研发为主的工程（技术）研究中心、工程（重点）实验室、企业技术中心。二是组建一批市级产业技术成果转化中心和产业孵化器。运用市场机制集聚创新资源，鼓励骨干企业与大专院校、科研机构开展关键技术攻关，尽快掌握一批拥有自主知识产权的核心技术。三是搭建区域性技术创新服务平台。依托高新技术园区、专业园区和特色产业基地，有效汇聚区域内各种创新要素，通过技术渗透，全面带动新材料产品扩大市场份额。通过引进消化吸收再创新，并梯次集成和部分原始创新，使衡阳市新材料产业的整体创新能力迈入全省前三名。到 2020 年，建设 3—5 个国家级创新平台，6—10 个省级创新平台，10—30 个企业创新

平台。

②开放开发平台。一是加快建立综合保税区。通过建设开放层次最高、优惠政策最多、功能最齐全、手续最简化的特殊开放区域，加快发展衡阳市国际中转、配送、采购、转口贸易和出口加工等业务。二是加快公路口岸、铁路口岸、航空口岸建设，高标准建好“无水港”，完善通关条件，全方位提升衡阳市开放功能，提升衡阳市新材料产业重点企业的辐射带动作用。三是加快新材料园区开发平台建设。加快标准化厂房建设，加大园区整体开发力度，完善园区产业规划，强化园区功能建设，加大园区招商引资和企业入园力度，促进新材料产业园区快速发展。通过开放开发平台建设，破除衡阳市生产率产业持续性发展的瓶颈。

③产业发展支撑平台。重点加强产业自主创新平台、公共科技服务平台、科技成果转化与技术转移平台、投融资服务平台的建设。其中自主创新平台的建设有益于在提升企业科研水平的同时，推动产业技术自主创新，做强做大新材料产业；公共科技服务平台从硬件和软件两方面为新材料产业技术供给能力的提升提供有力的支撑，推动企业间的技术合作研发，强化产业内个体间的信息沟通和交换；科技成果转化与技术转移平台通过构建技术需求信息数据库，向产业内个体传递技术需求信号；通过构建技术成果信息数据库，向市场发出技术供给信息；投融资服务平台通过设立新材料产业发展专项资金，鼓励和支持新材料企业上市，推动金融机构加大投放力度，建设战略性新兴产业风险创投基金，满足新材料产业发展的资金需求。

④产业战略联盟。鼓励新材料企业与装备制造企业建立产业技术创新战略联盟，重点支持组建电动汽车关键材料及应用、交通装备关键材料及应用、高性能交通用铝合金材料、工程机械关键材料及应用、有色金属钨及硬质合金、生物医药材料及应用、节能环保关键材料及应用、化工基础原材料及应用等产业技术创新战略联盟。依托入盟企业开展新材料及其应用关键技术的联合攻关，推动新材料产业与装备制造业的融合发展。

第五，实施重大项目。

2013 年至 2020 年期间，集中力量组织实施一批重大工程和重点项目，突出解决一批应用领域广泛的共性关键材料品种，提高新材料产业创新能力，加快创新成果产业化和示范应用，扩大产业规模，带动新材料产业快速发展。计划重点实施 53 个新材料产业重大项目，总投资约 400 亿元以上，其中，计划实施新型电子信息材料产业 7 个项目，总投资 227 亿元；计划实施核工业以及其他新能源材料产业 16 个项目，总投资 132.4 亿元；计划实施高性能有色金属和硬质结构材料产业 17 个项目，总投资 24.44 亿元；计划实施新型化工和先进生物医药材料产业 13 个项目，总投资 19.21 亿元，具体重大项目详见下文中表 10-9《衡阳市新材料产业发展重大项目表(2013—2020)》。

(5)“政产学研用”协同背景下衡阳市新材料产业发展支持机制

一是加强财政税收扶持。加大省财政对新材料产业创投基金中的新材料产业子基金等的引导和配套力度，积极发展私募基金、中小企业集合债券，加大对新材料产业的扶持力度，用于重大示范工程建设。对符合省以上规划的新材料重点项目，减少行政事业性收费，降低税收或抵补税收，优先安排用地计划，减少土地出让金。

二是建立信用担保机制。在现有担保体系的基础上，建立新材料产业信用担保体系，运用风险准备金的财政贴息、风险补偿等政策，鼓励金融机构加大对新材料产业的信贷支持。

三是健全投融资保障机制。着力研究建立新材料产业投资基金，发展创业投资和股权投资基金，支持创新型和成长型新材料企业。

四是建立人才引进机制。重点引进一批拥有自主知识产权、专利技术的高端人才来衡发展新材料产业。鼓励企业充分利用国际创新资源，开展人才交流与国际培训，引进国外人才队伍、先进技术和管理经验，积极参与国际分工合作。

表 10-9 衡阳市新材料产业发展重大项目表(2013—2020)

序号	项目名称	建设地点	建设内容及建设规模	计划建设期	总投资(万元)	目前进展情况
	项目合计 53 个	衡阳市			400	
1. 新型电子信息材料						
1	富士康(衡阳)电子产品生产所需新型元器件材料项目	白沙洲工业园	生产便携式电脑、背光板和电子书浏览器等电子产品所需的各类元器件材料	2011—2015	2148500	已完成项目前期筹备并开工建设
2	立新世纪新型 OLED 等集成电路和片式有机光电材料项目	白沙洲工业园	OLED、LCD、LCM 及 LED 背光、半导体混合集成电路、片式元器件材料项目	2015—2016	50000	完成前期项目洽谈工作
3	深圳联得液晶显示器、电容屏组装设备新材料项目	白沙洲工业园	新型液晶显示器、电容屏等专业设备组装的设备材料	2013—2014	18000	正在施工
4	无油化、数字化电流、电压互感器新型材料生产项目	高新技术园区	完成无油化、数字化电流、电压互感器产品的新型材料生产,已经添置 VRC—300 全自动环氧树脂真空浇注系统 2 套,5 立方米全自动真空干燥罐 1 套,Z8 型全自动恒温固化炉 40 台,JG6204、JG7204 电流互感器跑道形铁芯专用绕线机 15 台等全套试验设备	2013—2014	6500	已实际完成投资 1900 万元

续 表

序号	项目名称	建设地点	建设内容及建设规模	计划建设期	总投资(万元)	目前进展情况
5	中科光电子光通信陶瓷基光连接器系列基础原材料生产项目	衡南县	完成生产光通信陶瓷基光连接器系列产品基础原材料设备的改造、装修、购置及配套建设	2012—2015	34000	正在进行项目施工
6	衡南县得意精密电子周边连接器设备所需新型材料生产项目	衡南县	完成电子信息产品周边连接器产品设备所需新型材料的添置工作	2013—2015	2800	一期工程已投产
7	广州和盛电子公司年产4000吨磁性新型材料生产项目	耒阳市	完成4000吨磁性材料的生产线，生产车间、仓库等前期工作	2013—2015	10000	已完成本项目的可研和规划工作
(二)核工业以及其他新能源材料						
8	特变电工输变电核电用变压器配件新材料生产项目	白沙洲工业园	核电产品的变压器绝缘成型件、冷却件生产线、电气开关厂房及变压器配件生产等输变电产业配套项目	2010—2020	227000	已建设电气开关厂房、绝缘厂房、包装厂房及货场
9	衡变电力公司核电配套110KV、220KV电力变压器生产所需新材料项目	白沙洲工业园	核电配套110KV、220KV电力变压器等产品生产所需的合格线和煤油汽干燥设备及100吨起重机等关键设备所需新型材料生产	2015—2020	35000	新建项目，正进行前期工作

续　表

序号	项目名称	建设地点	建设内容及建设规模	计划建设期	总投资(万元)	目前进展情况
10	金杯电工衡阳电缆有限公司核电电缆及500KV新型超高压电缆材料技改项目	雁峰区	新改建5400平方米一期厂房,新建厂房和检测楼生产基地15000平方米。进口粉末灌注、金属套缘包成型、焊接生产流水线,有机绝缘电缆辐照交联生产线,国内购置连续退火铜大拉机、铜带屏蔽绕包机等生产、检测、辅助设备20余台套	2011—2015	51000	项目计划在2013年底试产
11	金杯电工衡阳电缆有限公司各类新型电缆生产所需新材料项目	雁峰区	环保电缆、光伏电缆、风力发电用电缆、柔性耐火电缆、铝合金电缆、海洋石油平台电缆、航空航天用电缆等类型新型核电专用电力电缆材料	2013—2020	50000	规划设计阶段
12	核级海绵锆、海绵铪、核反应堆芯等新型结构材料项目	珠晖区	生产核级海绵锆、海绵铪、核反应堆芯等新型结构材料的生产,其中一期形成生产规模为年产100吨海绵锆、2吨海绵铪的生产能力,二期形成年产核级海绵铪1000吨、核级海绵哈20吨的生产能力	待定	待定	待立项
13	中钢集团衡阳重机有限公司核产业配套矿山装备高端化建设所需新型材料项目	珠晖区	完成智能型牙轮钻机、高海拔牙轮钻机、全液压牙轮钻机以及牙轮钻机远程监控管理系统、地下遥控铲运机、地下防爆型铲运机和运矿车、全液压传动铲运机、大吨位电动铲运机、运矿车及地下辅助作业车辆、重型驱动桥等产品的研制和产业化	2013—2020	70000	已完成部分产品的初步设计和研制工作;产业化可研正在进行

续 表

序号	项目名称	建设地点	建设内容及建设规模	计划建设期	总投资(万元)	目前进展情况
14	耒阳市核工业配套特种电线电缆生产所需新材料项目	耒阳市	核工业配套特种电线电缆产品生产所需的厂房、原料仓库、成品仓库、检验室,购置安装车间的建设	2012—2018	10000	正在建设
15	新型锂离子电池材料生产项目	白沙工业园	建设锂离子电池生产基地,项目总投资20000万元	2014—2015	20000	前期项目洽谈
16	湖南共创光伏科技有限公司硅基薄膜太阳能电池生产所需纳米薄膜新材料项目	白沙工业园	硅基太阳能电池和50MW太阳能电池产品所需的纳米薄膜新材料项目,项目总投资55000万元	2013—2015	55000	前期项目建设准备
17	衡阳至德投资有限公司日产100万安时大型储能电池所需薄膜新材料生产项目	松木经开区	日产100万安时大型储能电池产品及配套设施所需薄膜新材料生产项目	2011—2014	50000	一期项目投产,二期项目开始厂房装修
18	衡阳海克新能源科技有限公司年产300万千伏安时新型蓄电池所需薄膜新材料生产项目	松木经开区	年产300万千伏安时新型蓄电池产品及配套设施所需薄膜新材料生产项目	2013—2015	50000	已完成项目的可研、环评等相关手续
19	中建材衡阳太阳能光伏玻璃类新型盖板和导电膜材料项目	松木经开区	太阳能光伏玻璃系列项目,包括太阳能电池盖板材料、超白压延太阳能玻璃及深加工生产线、超白浮法太阳能玻璃及深加工生产线、TCO导电膜玻璃生产线等,项目选址松木经济园区和常宁市	2011—2015	550000	正在建设

续 表

序号	项目名称	建设地点	建设内容及建设规模	计划建设期	总投资(万元)	目前进展情况
20	年产400万平方米新型干挂空心陶瓷材料项目	松木经开区	干挂空心陶板装置及配套设施生产线项目	2011—2013	35000	完成单线产品的投产工作
21	衡阳恒飞电缆有限责任公司各类特种电缆生产所需新材料项目	雁峰区	新增各类新型电缆产品的规模生产项目:年产30万公里太阳能光伏电缆,产值6个亿;年产20万公里电动汽车用电缆,产值5个亿;年产180万公里高端轨道机车车辆用电缆,产值15个亿;年产20万公里海洋工程装备用电缆,产值3个亿;年产100万公里消费类电子产品用电缆,产值13个亿	2012—2018	80000	已开工建设
22	衡阳阳光陶瓷有限公司年产1200万平方米新型琉璃瓦材料项目	衡阳县	琉璃瓦等陶瓷产品生产所需新型材料项目,生产车间面积90858平方米	2013—2014	18073	厂房建设基本完成设备,安装正在进行
23	湖南岱朗光能源有限公司太阳能非晶硅光电薄膜模块型新材料项目	耒阳市	太阳能非晶硅光电薄膜模块生产线及全套外围设备生产相关新型材料的建设工作	2012—2014	23000	一期60MW太阳能非晶硅光电薄膜模块生产线一条及全套外围设备

续 表

序号	项目名称	建设地点	建设内容及建设规模	计划建设期	总投资(万元)	目前进展情况
(三)高性能有色金属和硬质结构材料						
24	新型绝缘材料生产	白沙工业园	建设新型绝缘材料项目,投产之后年销售收入3亿元、利税3000万元	2014—2015	15000	前期项目洽谈
25	T4绝缘纸板型材料生产线项目生产所需新材料项目	白沙工业园	结构厂房30000平方米，T4绝缘纸板生产线一条,水净化处理设备,热压机,全密封恒温恒湿车间及仓库的购置和建设	待定	待定	招商引资项目
26	风力发电及机车车辆用特种橡套电缆生产所需新材料项目	白沙工业园	德国TROESTER公司三层共挤连硫生产线,连硫机等生产风力发电及机车车辆用特种橡套电缆生产的设备	待定	15900	招商引资项目
27	大好新型墙体新型材料生产项目	松木经开区	40万方新型墙体的新型材料	2011—2013	12000	土建、设备安装
28	100万平方米新型微晶玻璃板材材料项目	松木经开区	形成100万平方米微晶玻璃板材生产线的设备购置和生产工作	待定	18000	完成项目可行性研究报告
29	衡阳恒缘电工材料有限公司改性双马来酰亚胺玻璃纤维增强模塑料材料技改项目	雁峰区	年产2000吨改性双马来酰亚胺玻璃纤维增强模塑料新型材料项目	2012—2013	7100	土建施工及设备采购

续 表

序号	项目名称	建设地点	建设内容及建设规模	计划建设期	总投资(万元)	目前进展情况
30	旺泰高纯氧化锡(S_nO^2)基础新型材料项目	石鼓区	挥发提炼系统精炼提取高纯氧化锡的系统环境净化系统雾化系统	2013—2015	10900	土地平整及相关手续正在办理
31	湖南天雁机械有限责任公司新增20万台涡轮增压器材料扩产改造项目	石鼓区	涡轮铸造线1条、叶轮机架线1条、叶轮机加线2条、涡轮转子机加线1条等生产线设备的购置项目	2013—2014	10000	已上报可研报告,待批复
32	衡阳志远新材料有限公司铼系列新型基础材料生产项目	松木经开区	铼系列产品项目的生产线及配套设施的购置工作	2012—2014	9000	正开展安评编制及土地平整工作
33	衡阳鸿菱石油管材有限责任公司高效特殊螺纹油套管材料生产项目	蒸湘区	2条自动喷漆线、1台接箍探伤机、2台缩口机、3条高效特殊扣螺纹油管生产线、4台接箍数控机床、4台接箍外圆加工机床产品生产项目	2013—2014	8540	场地准备
34	衡阳华菱钢管有限公司钢管热处理和深加工所需实施材料技改项目	蒸湘区	钢管热处理生产线上相关产品的生产	2012—2013	30000	项目在建中
35	油田用注水管防腐喷涂新型稀有合金纳米复合材料生产项目	蒸湘区	规划10万吨Φ73～139.7＊7～25mm油田用注水管防腐喷涂稀有合金项目	待定	26300	招商引资
36	金创循环焙烧窑炉材料研发制造项目	石鼓区	循环焙烧窑炉厂房及配套设备和智能测试设备的生产项目	2013—2015	5000	设备生产线改道进行中

续　表

序号	项目名称	建设地点	建设内容及建设规模	计划建设期	总投资(万元)	目前进展情况
37	骏发年产1000吨高纯锡(>6N)及其高端合金材料建设项目	石鼓区	新增设备电炉熔炼系统和真空提纯系统、精炼系统、检测系统、生产环境净化系统等装置,形成1000吨高纯锡及高端材料合金项目建设	2013—2015	16055	土地三通一平,环境评价正在审批
38	湖南世纪特种合金年产400吨高精度硬质合金材料项目	衡东县	年产400吨高精度硬质合金制品,产值2.4亿元以上。建设生产车间、成品库、原材料库、检测中心等基础配套设施	2011—2013	15000	正在施工
39	衡阳市南东有色金属公司大尺寸钨及钨合金板材材料的研发和生产项目	衡东县	年产100吨大尺寸钨与钨合金板材生产所需相关新型原材料项目	2013—2015	10000	正在报批
40	耒阳市唐盛硬质合金材料的研发和深加工项目	耒阳市	生产钎片、钻头、板材、钎片200吨、钻头100吨、板材500吨项目	2013—2015	5600	完成规划、用地、环评、备案等手续
(四)新型化工和先进生物医药材料						
41	建滔化工年产2万吨新型PVB树脂和3万吨PVB胶片材料生产项目	松木经开区	2万吨PVB树脂和年产3万吨PVB胶片产品项目	2012—2014	22500	完成可研、国土手续和土地平整工作
42	衡阳市化工研究所催化剂及防腐涂料类材料生产线建设项目	松木经开区	年产8000吨一氧化碳高温变换催化剂、低温变换催化剂,4000吨IPN高性能防腐涂料项目	2013—2014	13000	已完成可研、立项,并落实项目业主

续　表

序号	项目名称	建设地点	建设内容及建设规模	计划建设期	总投资(万元)	目前进展情况
43	力泓2万吨新型硫酸锌类新型基础材料生产项目	石鼓区	年产2万吨硫酸锌生产设备,水电辅助设施1套,生产线2条相关设备的生产项目	2013—2015	5000	土地已平整、环评已审批
44	创大玉兔钛白粉和高分子材料单体产业技改项目	珠晖区	年产5万吨钛彐粉和20万吨硫酸技改及1万吨高分子材料单体项目	2013—2014	27800	正在建设
45	衡阳胜玉高科有限公司年产65000吨纤维素超强新型涂料材料	衡阳县	年产65000吨纤维素超强涂料系列产品项目	2012—2014	4000	产品正在投入批量生产
46	湖南省春昌有色选冶有限公司年产5000吨仲钨酸铵新型基础材料生产项目	衡东县	年产5000吨仲钨酸铵产品所需各类设备生产项目,包括酸法和碱法生产线各1条,及新建原辅材料仓库、备件备品仓库、酸法APT车间、碱法APT车间、废水处理车间和研发中心、检测中心、锅炉房、配电室等	2012—2020	25000	正在建设
47	湖南省瑞恩泽新材料科技有限公司低烟无卤胶料类新材料生产项目	衡东县	高分子材料(低烟无卤胶料)等产品生产所需设备生产项目	2012—2015	9800	完成可研、环评、能评、规划、用地等手续
48	耒阳市年产5万吨新型再生橡胶颗粒粉材料生产项目	耒阳市	废旧轮胎生产再生橡胶颗粒粉5万吨,各种功能橡胶及橡胶产品项目	2013—2016	15000	完成备案、规划、用地、环评、节能等工作

续　表

序号	项目名称	建设地点	建设内容及建设规模	计划建设期	总投资(万元)	目前进展情况
49	耒阳市年产3.6万吨新型高强玻璃纤维材料生产项目	耒阳市	年回收利用4万吨废旧玻璃,3.6万吨高强度玻璃纤维产品生产项目	2013—2016	5000	前期工作
50	耒阳市新型超细铋粉末材料技改和扩建项目	耒阳市	现有铋、银生产线进行技改扩建项目,形成3000吨铋粉生产能力和200吨银生产能力	2013—2015	15000	完成规划、可研、环评、备案
51	莱德生物医药新型骨科内植入物和医疗器械类原材料生产项目	松木经开区	骨科内植入物和医疗器械生产所需新型原材料生产项目	待定	10000	完成征地和各类报建报批
52	紫光古汉“古汉养生精”等系列产品所需生物基材料、医用新材料、纳米材料及其器件材料生产项目	蒸湘区	生产“古汉养生精”所需生物基材料、医用新材料、纳米材料及其器件	待定	待定	正在建设
53	恒生制药“注射用灯盏花素”等系列产品所需生物基材料、医用新材料、纳米材料及其器件材料生产项目	衡阳县	生产“注射用灯盏花素”所需生物基材料、医用新材料、纳米材料及其器件	2013—2014	40000	正在建设

参考文献

[1] Arbuckle JL. AMOS User's Guide 4.0 [M]. Chicago: Smallwaters Corporation Inc., IL, 1999.

[2] Bain J. S. Industrial Organization[M]. New York: Harvard University Press, 1959.

[3] Bair J. Beyond the Maquila Model? NAFTA and the Mexican Apparel Industry [J]. Industry and Innovation, 2002, 26(7):1414—1434.

[4] B. Bollobás, Modern Graph Theory [M]. Graduate Texts in Mathematics, Springer, New York, 1998.

[5] Berkhout A J, Duin P A vander. Mobil Data Innovation : Lucio and the Cyclic Innovation Model[C]. Eindhove, Netherlands: Proceedings of the International Conference on Electronic Commerce on Towards A New Services Lands cape, 1994: 603—608.

[6] Berkhout A J. The Dynamic Role of Knowledge in Innovation: An Integrated Framework of Cyclic Networks for the Assessment of Technological Change and Sustainable Growth[M]. Delft : University Press , 2000.

[7] Broersma J, Butt er M, Van Uitert G. Eros[C]. Delft , Netherland: TNO—STB, 2001.

[8] Carson, D. , Gilmore, A. and Rocks. SME marketing networking: a strategic approach [J]. Strategic Change, 2004, 13(7):369—382.

[9] CastellsM and Hall P. Techno poles of the world: The making of the 21st century industrial complexes [M]. London: Routledge: 1994. 98—110.

[10] Chandler G N, Jansen E. The founder's self-assessed competence and venture performance[J]. Journal of Business Venturing, 1992, 7(3): 223—236.

[11] Chandler G N. , Hanks S. H.. An Investigation of New Venture Teams in Emerging Businesses. In P D Reynolds et al. (eds). Fron-

tiers of entrepreneurship research[C]. Wellesley, MA: Babson College, 1998: 318—330.

[12] Chandler G N. ,Hanks S. H.. Founder competence,the Environment and Venture Performance [J]. Entrepreneurship: Theory and Practice,1994,18(3):77—89.

[13] Chang J R, Cheng C H, Kuo C Y. Conceptual procedure for ranking fuzzy numbers based on adaptive two-dimensions dominance[J]. Soft Computing, 2005 (4).

[14] Chen L H,Lu H W. An approximate approach for ranking fuzzy numbers based on left and right dominance[J]. ComputMath Appl, 2001, 41.

[15] Chesbrough, H. Managing open innovation [J]. Research Technology Management, 2004,47(1),23—26.

[16] Clarkin J. Rosa P. Entrepreneunal Teams within Franchise Firms [J]. International Small Business Journal,2005,23(3):303—334.

[17] Cooper,M. I. Motivations for Alcohol Use among Adolescents: Development and Validation of a Four-factor Model[J]. Psychological Assessment,1994,6(1):117—128.

[18] Cooney T. Editorial: what is an Entrepreneurial Team? [J]. International Small Business Journal,2005: 226—235.

[19] Covin, J. G. Slevin,D. P. A conceptual model of entrepreneurship as firm behavior [J]. Entrepreneurship Theory and Practice,1991,16(1):7—25.

[20] Cronbach L J. Coefficient alpha and the internal structure of tests [J]. Psychometrika, 1951, 16(3): 297—334.

[21] Dess,G. G. Robinson,R. B. Measuring Organizational Performance in the Absence of Objective Measures: The Case of the Privately-Held Firm and Conglomerate Business Unit[J]. Strategic Management Journal,1984,5(3):265—273.

[22] Dirk Helbing. Christian Kuhnert. Assessing interaction networks with applications to catastrophe dynamics and disaster management [J]. Physica A: Statistical Mechanics and its Applications,2003,328(3—4):584—606.

[23] Dominik Vanderhaeghen. Distributed model management platform

for cross-enterprise business process management in virtual enterprise networks[J]. Journal of Intelligent Manufacturing, 2007: 553—559.

[24] Etzkowitz H, Leydesdorff L. The dynamics of innovation: from national systems and "model" to a Triple Helix of university-industry-government relations [J]. Research Policy,2000(29):109—123.

[25] Etzkowitz H,Jose M,Mariza A. Towards "meta—innovation" in Brazil: the evolution of the incubator and the emergence of a Triple Helix [J]. Research Policy,2005,34(4):411—424.

[26] Feng Weidong. Partners Selection Process and Optimization Model for Virtual Corporations Based on Genetic Algorithms[J]. Journal of Qinghua University (Sci&Tech) , 2000 , 40 (10) :120—124.

[27] Feser E. J. & Bergman E. M. National Industry Cluster Templates: A Framework for Applied Regional Cluster Analysis[J]. Regional Studies,2000,34(1): 1—19.

[28] Francis D H, Sandberg W R. Friendship within Entrepreneurial Teams and Its Association with Team and Venture Performance [J]. Entrepreneurship Theory and Practice, 2000, 25(2): 5—25.

[29] Gao,SXu,K,Yang,J. Managerial ties, absorptive capacity, and innovation[J]. Asia Pacific Journal of Management,2008,25(3):395—412.

[30] Gereffi G. International trade and industrial upgrading in the apparel commodity chain [J]. Journal of International Economics, 1999, 43 (2):3211—3223.

[31] Grant B M, Toward a knowledge—based theory of the firm [J]. Strategic Management Journal, 1996, 17 (5):109—122.

[32] Jorge Nocedal, Stephen J Wright. Numerical Optimization [M]. Springer, 1999.

[33] Kangjian. The Study on Labor—intensive Service Enterprises Virtual Operating Strategic Performance Appraisal System Establishment Based on Value Chain [C]. Proceedings of IEEE International Conference on Emergency Management and Management Sciences,2010: 1—4.

[34] Kangjian. The Study on the Feasibility Evaluation of the Virtual Op-

erating of Public Service Enterprises Based on the Analysis of Matter-Element[C]. Proceedings of the 2009 International Conference on Public Economics and Management,2009: 202—206.

[35] Kogutb, The network as knowledge: Generative rules and the emergence of structure[J]. Strategic Management Journal, 2000, 21: 405—425.

[36] Huang M, Yang H M ,Wang XW. Genetic algorithm and fuzzy synthetic evaluation based risk programming for virtual enterprise. ACTA AUTOMATICA SINICA , 2004, 30 (5) .

[37] Lee S,Lee K H,L ee D. Ranking the sequences of fuzzy values. [J]. Inf. Sci, 2004, 160.

[38] Lechner, C. ,Dowling,M. , Welpe,. Firm networks and firm development: The role of the relational mix[J]. Journal of Business Venturing, 2006,21(4):514—540.

[39] Li, H, Zhang, Y. The role of managers' political networking and functional experience in new venture performance: evidence from China' transition economy. Strategic Management Journal,2007,28 (8):791—804.

[40] Liayanage S, Green field P F. Towards A Fourth Generation R&D Management Rothwell P. Successful Industrial Innovation: Critical Factors for the 1990s [J]. R&D Management, 1992, 22 (3): 221—239.

[41] Liayanage S, Green field P F. Towards A Fourth Generation R& D Management Model research Networks in Knowledge Management [J]. International Journal of Technology Management,1999,18(3—4) : 372—393.

[42] Man T W Y, Lau T,Chan K F. The competitiveness of small and medium enterprises: A conceptualization with focus on entrepreneurial competencies[J]. Journal of Business Venturing, 2002, 17 (2):123—142.

[43] Marsden, P. V. ,Campbell,K. E. Measuring tie strength[J]. Social forces,1984,63(2):482—501.

[44] Martin R. , Sunley P. Deconstrueting Clusters: Chaotic Concept or Policy Panacea? [J]. Journal of Economic Geography, 2003

(3): 535.

[45] Mathews J A, Hu M C. Enhancing the role of universities in building national innovative capacity in Asia : The case of Taiwan[J]. World Development, 2007, 35(6) :1005—1020.

[46] Mazzola, F. and Bruni, S. The role of linkages in firm performance: Evidence from Southern Italy[J]. Journal of Economic Behavior and Organization, 2000, 43(2):199—221.

[47] McDougall, P. R. , Robinson, R. B. New Venture Strategies: An Empirical Identification of Eight Archetypes of Competitive Strategies of Entry [J]. Strategic Management Journal, 1990, 11(6):447—467.

[48] MERKL E D , MIDDENDORF M. Ant Colony Optimization with Global Pheromone Evaluation for Scheduling a Single Machine. Applied Intelligence , 2003 , 18 (1) : 105—111.

[49] Model research Networks in Knowledge Management [J]. International Journal of Technology Management , 1999, 18(3—4) : 372—393.

[50] Moran P, Ghoshal S. Markets, firms, and the process of economic development[J]. The Academy of Management Review, 1999, 24 (3):390—412.

[51] Niois J. Fourth generation R&D: From Linear Models to Flexible Innovation [J]. Journal of Business Research , 1999, 45(2) : 111—117.

[52] Olivier Perrin, Claude Godart. A model to support collaborative work in virtual enterprises [J]. Data&Knowledge Engineering, 2004(50): 63—86.

[53] Parker, S. C. The Economics of Formal Business Networks [J]. Journal of Business Venturing, 2008, 23(6):627—640.

[54] Paul Grefen, Nikolay Mehandjiev. Dynamic business network process management in instant virtual enterprises[J]. Computers in Industry, 2009: 86—103.

[55] Peng, M. W. , Luo, Y. Managerial ties and firm performance in a transition economy: The nature of a micro-macro link[J]. Academy of management journal, 2000, 43(3): 486—501

[56] Phillips D J. Organizational genealogies and the persistence of gen-

der hierarchies: the case of Silicon Valley law firms [J]. Administrative Science Quarterly,2005(50):440—472.

[57] Preiss, K. , Goldman, S. L. , & Nag el,R. N. Cooperate to Compete: Building Agile Business Relationships[J]. Van Nostrand Reinhold,1996: 250—254.

[58] Rao, R. S,Chandy, R. K,Prabhu,J. C. The fruits of legitimacy: Why some new ventures gain more from innovation than others [J]. Journal of Marketing, 2008,72(4): 58—75.

[59] Renuzlli,L. A. ,Aldrich,H. &Moody, J. Family matters: Gender, networks and entrepreneurial outcomes[J]. Social Forces ,2000,79(2):523—546.

[60] Rothwell P. Successful Industrial Innovation: Critical Factors for the 1990s [J]. R&D Management, 1992,22 (3): 221—239.

[61] Shane S. Prior knowledge and the discovery of entrepreneurial opportunities[J]. Organization Science, 2000,11(4):448—469.

[62] Shane,S,Locke E. A. and Collins C. J. Entrepreneurial motivation [J]. Human Resource Management Review,2003(13):257—279.

[63] Shepherd D A, Detienne D R. Prior knowledge, potential financial reward, and opportunity indentification [J]. Entrepreneurship Theory and Practice,2000: 95—112.

[64] Shu,C, Page,A. L,Gao,S. ,et al. Managerial ties and firm innovation: is knowledge creation a missing link? [J]. Journal of Product Innovation Management, 2012,29(1): 125—143.

[65] S. W. F. OMTA,OLAF VAN KOOTEN,LENNRT PANBEKOEK. Critical success factors for entrepreneurial innovation in the dutch glasshouse industry[J]. Annual World Food and Agribusiness Forum, Symposium and Case Conference, 2005(15): 25—28.

[66] Timmons J A. New Venture Creation[M]. New York: McGraw-Hill,1999.

[67] Uzzi, B. Embeddedness in the making of financial capital: How social relations and networks benefit firms seeking financing[J]. American sociological review,1999(64): 481—505.

[68] Walter,A. ,Muller,T. A. ,Helefrt,G. ,&Ritter,T. Functions of industrial supplier relationships and their impact on relationship quali-

ty [J]. Industrial Marketing Management, 2003,32(2): 159—169.

[69] Watson,J. Modeling the Relationship between Networking and Firm Performance [J]. Journal of Business Venturing, 2007, 22(6): 852—874.

[70] Zahra S. A, Ireland R. D, Hitt M. A. International Expansion by new Venture Firms: International Diversity,Mode of Market Entry, Technological Learning,and Performance[J]. Academy of Management Journal, 2000,43(5):925—950.

[71] Zahra. S. 1A. A Conceptual Model of Entrepreneurship as Firm Behavior. A Critique and Extension [J]. Entrepreneurship: Theory and Practice,1993,17(4):5—21.

[72] 蔡坚.产业创新链的内涵与价值实现的机理分析[J].技术经济与管理研究,2009(6): 53—55.

[73] 蔡翔. 创新、创新族群、创新链及其启示[J]. 研究与发展管理, 2002, 14(6): 35—39.

[74] 蔡翔. 知识创新链浅议[J]. 软科学,2001,15(1): 2—4,8.

[75] 常宝, 储雪林, 李红艳. 试论粘滞知识及其管理对策[J]. 科学学研究, 2005, 23 (2) : 249—252.

[76] 陈劲,阳银娟.协同创新的理论基础与内涵 [J].科学学研究,2012,30(2):161—164.

[77] 陈菊红,汪应洛,孙林岩.虚拟企业伙伴选择过程及方法研究[J].系统工程理论与实践, 2001(7): 48—53.

[78] 陈晓萍,徐淑英,樊景立.组织与管理研究的实证方法[M].北京:北京大学出版社,2008.

[79] 代明. 创新链解构研究[J]. 科技进步与对策,2009,26(3): 157—160.

[80] 戴维奇. 网络嵌入、公司创业与绩效[D]. 杭州:浙江大学,2011.

[81] 段匡哲. 集群内网络关系对企业技术创业的影响机理研究[D]. 杭州:浙江大学,2015.

[82] 方爱丽,赵继军.复杂网络:结构和动力学[J].复杂系统与复杂性科学,2006,3(3): 61—62.

[83] 方卫华.创新研究的三螺旋模型:概念、结构和公共政策含义 [J].自然辩证法研究,2003,19(11): 69—73.

[84] 傅家骥.技术创新学[M].北京:清华大学出版社,1998.

[85] 高小康. 创业团队异质性、企业社会资本与创业绩效关系的实证研究

[D]. 蚌埠:安徽财经大学;2015.

[86] 耿殿贺,原毅军.生产性服务业促进制造业企业动态创新能力的机理研究[J].经济研究导刊,2010(24):22—24.

[87] 耿新,张体勤.企业家社会资本对组织动态能力的影响——以组织宽裕为调节变量[J].管理世界,2010(6),109—121.

[88] 顾菁,薛伟贤.高技术产业协同创新研究[J].科技进步与对策,2012,29(22):84—89.

[89] 顾乃华.生产性服务业对工业获利能力的影响和渠道——基于城市面板数据和SFA模型的实证研究 [J].中国工业经济,2010(5):48—58.

[90] 韩娜. 基于价值链的协同创新链产生和发展特性分析[J]. 河北企业,2013 (11):46—47.

[91] 侯杰泰,温忠麟,成子娟. 结构方程模型及其应用[M]. 北京:教育科学出版社, 2004.

[92] 华宇虹,刘寿先.基于集群共享性资源的出版企业竞争优势研究[J].中国出版,2011(1):57—60.

[93] 黄海霞,张治河. 基于DEA模型的我国战略性新兴产业科技资源配置效率研究[J]. 中国软科学,2015(1):150—159.

[94] 黄莉芳,黄良文.生产性服务业提升制造业生产率的调节机制检验[J].财经论丛,2012(5):9—13.

[95] 吉亚辉,李岩,苏晓晨.我国生产性服务业与制造业的相关性研究——基于产业集聚的分析 [J].软科学,2012,26(3):15—19,38.

[96] 贾军,张卓,张伟.中国高技术产业技术创新系统协同发展实证分析——以航空航天器制造业为例 [J].科研管理,2013,34(4):9—15,59.

[97] 蒋兴华,万庆良,邓飞其,等.区域产业技术自主创新体系构建及运行机制分析 [J].研究与发展管理,2008,20(2):46—50.

[98] 金玉玲.基于三螺旋模型理论的区域创新能力研究——以江苏省为例[D].扬州:扬州大学,2007.

[99] 吉亚辉,李岩,苏晓晨.我国生产性服务业与制造业的相关性研究——基于产业集聚的分析 [J].软科学,2012,26(3):15—19,38.

[100] 康健,胡祖光. 产业集群脆弱性测度模式初探[J].经济地理,2012,32(2) :111—115.

[101] 康健,胡祖光. 产业集群情境下出版企业供应链分析[J].中国出版,2012,(8) :17—20.

[102] 康健. 服务企业虚拟经营战略实施途径研究——基于价值链的视角[J]. 河南社会科学,2011,(2)：163—165.
[103] 康健,胡祖光. 基于区域产业互动的三螺旋协同创新能力评价研究[J]. 科研管理,2014, 35 (5) ：19—26.
[104] 康健. 基于物元分析的虚拟服务企业风险评估模型研究[J]. 科技管理研究,2009(4) ：183—185.
[105] 康健. 价值链重构视角下服务企业虚拟经营战略研究[J]. 中国商贸,2010(8) ：14—15.
[106] 康健. 竞争情报系统在战略资源评价中的应用研究[J]. 情报杂志,2007(11) ：20—21,25.
[107] 康健. 论服务企业虚拟经营战略的研究视角[J]. 企业经济,2009(5)：70—72.
[108] 康健. 培育我国出版产业集群的竞争力研究[J]. 编辑之友,2013(10)：33—36.
[109] 康健. 新经济环境下企业战略管理中的关键点控制研究[J]. 经济视角,2010(5)：20—21.
[110] 康健. 战略性新兴产业集群化发展的供应链支持网络绩效提升研究——以衡阳市文化创意产业为例[J]. 经济视角,2012(12)：19—22 .
[111] 康健,胡祖光. 战略性新兴产业与生产性服务业协同创新研究:演化博弈推演及协同度测度[J]. 科技管理研究,2015,35(4)：154—161.
[112] 柯青. 论虚拟企业知识网络的三大研究视角[J]. 科技管理研究,2006 (8)：197—203.
[113] 孔祥浩,许赞,苏州. 政产学研协同创新"四轮驱动"结构与机制研究[J]. 科技进步与对策,2011(22)：5—18.
[114] 莱斯 E. 精益创业:新创企业的成长思维[M]. 吴彤,译. 北京:中信出版社,2012.
[115] 李洋. 基于熵理论的敏捷供应链供需协作模式与创新链研究[D]. 哈尔滨:东北林业大学,2010：79.
[116] 李煜华,武晓峰,胡瑶瑛. 基于演化博弈的战略性新兴产业集群协同创新策略研究[J]. 科技进步与对策,2013,30(2)：70—73.
[117] 林德明,金鸿章,吴红梅,等. 基于蚁群算法的复杂系统脆性研究[J]. 系统工程与电子技术,2008,30(4)：745—746.
[118] 林淼,苏竣,张雅娴,等. 技术链、产业链和技术创新链：理论分析

与政策含义[J]. 科学学研究，2001(12)：28—31.

[119] 刘国龙. 协同创新促进产业成长机制研究——基于产品创新、工艺创新和市场创新三螺旋视角 [D]. 武汉：武汉理工大学，2009.

[120] 刘双明. 我国 FDI 与经济发展的协调度研究 [J]. 统计研究，2007，24(4)：92—96.

[121] 刘玉忠. 后危机时代中国战略性新兴产业发展战略的选择[J]. 中国科技论坛，2011(2)：45—49.

[122] 刘颖，陈继祥. 生产性服务业与制造业协同创新的自组织机理分析[J]. 科技进步与对策，2009，26(15)：48—50.

[123] 刘一琳. 生产性服务业与制造业协同创新研究——以第三方物流业为例[D]. 杭州：浙江大学，2008.

[124] 刘颖，陈继祥. 生产性服务业与制造业协同创新的自组织机理分析[J]. 科技进步与对策，2012，26(15)：48－50.

[125] 刘志阳，姚红艳. 战略性新兴产业的集群特征、培育模式与政策取向[J]. 重庆社会科学，2011(3)：49—55.

[126] 孟庆松，韩文秀. 复合系统协调度模型研究[J]. 天津大学学报，2000，33(4)：444—446.

[127] 欧光军，刘思云，蒋环云，等. 产业集群视角下高新区协同创新能力评价与实证研究 [J]. 科技进步与对策，2013，30(7)：123—129.

[128] 裘凤英. 基于三螺旋理论的大学衍生企业创新绩效与区域创新能力的关系研究——以华东地区为例 [D]. 上海：华东理工大学，2012.

[129] 全利平，蒋晓阳. 协同创新网络组织实现创新协同的路径选择[J]. 科技进步与对策，2011，28(9)：15—18.

[130] 任苒，李晓西. 生产性服务业创新发展研究[J]. 北方经济，2011(1)：49—50.

[131] 申俊喜. 创新产学研合作视角下我国战略性新兴产业发展对策研究[J]. 科学学与科学技术管理，2012，33(2)：37—43.

[132] 孙萍，张经纬. 市场导向的政产学研用协同创新模型及保障机制研究[J]. 科技进步与对策，2014，31(16)：17—22.

[133] 唐靖，姜彦福. 创业能力概念的理论构建及实证检验[J]. 科学学与科学技术管理，2008(8)：52—57.

[134] 唐海燕. 新国际分工、制造业竞争力与我国生产性服务业发展 [J]. 华东师范大学学报(哲学社会科学版)，2012(2)：95—101.

[135] 汤勇力，等. 基于动态任务价值链的虚拟企业组织体系[J]. 科学学

与科学技术管理，2007(10)：145—149,190.

[136] 田桂玲.区域创新链、创新集群与区域创新体系探讨[J]. 科学学与科学技术管理，2007(9)：197—198.

[137] 涂俊，吴贵生.三重螺旋模型及其在我国的应用初探 [J].科研管理，2006,27(3)：75—80.

[138] 王山河，陈烈. 基于结构方程式模型的广州城市形象元素分析评价[J].经济地理，2010，30(1)：69—74.

[139] 王世雄.供应链突发风险传染机理与控制策略研究[D].上海：东华大学，2010：41—43.

[140] 王硕，唐小我.基于广义熵的虚拟企业合作伙伴遴选综合评价系统[J].运筹与管理，2003 (12)：73—76.

[141] 王毅. 粘滞知识转移研究述评[J].科研管理，2005，2(26)：71—75.

[142] 王阅. 辽宁省高技术产业协同创新能力研究 [D].沈阳：辽宁大学，2013.

[143] 魏江，勾丽. 基于动态网络关系组合的集群企业成长研究[J].经济地理，2009,29(5)：787—793.

[144] 邬爱其，魏江.集群企业成功创新的网络模式及其动态匹配：浙江省的实证考察[J].中大管理研究，2007(4)：72—92.

[145] 吴冰，刘仲英. 供应链中的知识创新网络[J]. 科学学研究，2006(24)：280—285.

[146] 武莉莉.企业家精神、创业导向与新创企业绩效关系研究——基于北上广深新创企业的问卷调查[D]. 上海：华东理工大学，2014.

[147] 吴姮，于丽英.基于多重螺旋理论探索"官产学研用"协同创新途径[J]. 科技和产业，2013(6)：57—60.

[148] 吴绍波. 战略性新兴产业创新生态系统协同创新的知识投入激励研究[J]. 科学学与科学技术管理，2013,34(9)：71—76.

[149] 吴晓波. 论创新链的系统演化及其政策含义[J]. 自然辩证法研究，2008,24(12)：58—62.

[150] 肖人彬，等.面向虚拟企业的蚁群劳动分工建模与仿真[J]. 管理科学学报，2009,(2)：57—69.

[151] 肖兴志，谢理.中国战略性新兴产业创新效率的实证分析[J].经济管理，2011(11)：26—35.

[152] 项杨雪. 基于知识三角的高校协同创新过程机理研究[D]. 杭州：浙江大学，2013.

[153] 解学梅. 中小企业协同创新网络与创新绩效的实证研究 [J]. 管理科学学报,2010,13(8): 51—64.

[154] 邢超. 创新链与产业链结合的有效组织方式——以大科学工程为例 [J]. 科学学与科学技术管理,2012,33(10): 116—120.

[155] 徐元国. 集群企业网络演进与龙头企业集团的形成机理[J]. 经济地理,2010,30(9): 1492—1496,1501.

[156] 徐力行,高伟凯. 生产性服务业与制造业的协同创新 [J]. 现代经济探讨,2008(12): 53—56.

[157] 汪虎山. 安徽省高技术产业创新链的培育研究[D]. 合肥:安徽大学,2012.

[158] 王进富,张颖颖,苏世彬,等. 产学研协同创新机制研究——一个理论分析框架 [J]. 科技进步与对策,2013,30(16): 1—6.

[159] 王京,高长元. 软件产业虚拟集群三螺旋创新机理及模式研究 [J]. 自然辩证法研究,2013,29(5): 68—75,30.

[160] 王倩. 社会网络对创业机会识别的影响:信息获取的中介作用. 长春:吉林大学,2011: 47—48.

[161] 王嵩, 田军, 王刊良. 创新团队内的隐性知识共享——社会网络分析视角[J]. 科技管理研究,2010(1): 208—210.

[162] 王阅. 辽宁省高技术产业协同创新能力研究 [D]. 沈阳:辽宁大学,2013.

[163] 吴群. 集群供应链网络组织共治研究[D]. 上海:同济大学,2009: 28—33.

[164] 谢雅萍,黄美娇. 社会网络、创业学习与创业能力——基于小微企业创业者的实证研究[J]. 科学学研究,2014,32(3). 400—409,453.

[165] 杨以文,郑江淮,黄永春. 生产性服务业与战略性新兴产业协调——基于生产性服务业市场的一般均衡分析[J]. 现代经济科学,2012,34(6): 15—25.

[166] 杨以文,郑江淮,黄永春. 需求规模、渠道控制与战略性新兴产业发展——基于长三角企业调研数据的实证分析[J]. 南方经济,2012(7): 78—86.

[167] 叶飞,孙东川,张红. 面向虚拟企业合作伙伴选择的新过程框架结构研究[J]. 系统工程理论与实践,2003(11): 88—94.

[168] 叶峥,郑健壮. 集群企业网络特征与创业行为:基于创业能力的实证研究[J]. 科研管理,2014,35(1): 58—65.

[169] 易余胤，盛昭瀚，肖条军.企业自主创新、模仿创新行为与市场结构的演化研究[J].管理工程学报，2005(1)：14—18.

[170] 于斌斌.传统产业与战略性新兴产业的创新链接机理——基于产业链上下游企业进化博弈模型的分析[J].研究与发展管理，2012，24(3)：100—109.

[171] 俞函斐.互联网嵌入对创业机会识别的影响[D].杭州：浙江大学，2014：30.

[172] 岳意定，刘莉君.基于网络层次分析法的农村土地流转经济绩效评价[J].中国农村经济，2010(8)：36—47.

[173] 郁建兴，沈永东.行业协会在产业升级中的作用：文献评论[J].中国行政管理，2011(09)：53—58.

[174] 曾德明，周海燕，贾曙光.供应链网络结构对粘滞知识转移的影响[J].科技管理研究，2010(1)：190—192.

[175] 曾祥炎.基于价值创新链的协同创新：三阶段演化及其作用讨论[J].科技进步与对策，2013，30(20)：20—24.

[176] 翟运开.组织间合作创新中的知识转移粘滞——内涵分析与要素模型[J].科技进步与对策，2010，27(11)：16—19.

[177] 赵长轶，曾婷，顾新.产学研联盟推动我国战略性新兴产业技术创新的作用机制研究[J].四川大学学报(哲学社会科学版)，2013(3)：47—52.

[178] 张峰.基于三螺旋的区域创新系统效率评价研究[D].济南：山东科技大学，2011.

[179] 张纪会，高齐圣，徐心和.自适应蚁群算法[J].控制理论与应用，2000(2)：1—3.

[180] 张沛东.生产性服务业对天津制造业技术创新效率影响的实证研究[J].现代管理科学，2012(3)：84—86.

[181] 张钦朋.产学研协同创新政府引导机制研究——基于"2011计划"实施背景[J].科技进步与对策，2014，31(5)：96—99.

[182] 张素平.企业家社会资本影响企业创新能力的内在机制研究[D].杭州：浙江大学，2014.

[183] 郑长娟.现代生产性服务业在区域创新系统中的作用研究[J].科技管理研究，2005(9)：134—136.

[184] 周超.南京市先进制造业与生产性服务业关系实证研究[J].江苏科技信息，2013(2)：11—12.

[185] 朱海燕.知识密集型服务业嵌入与内生型产业集群网络结构优化[J].经济地理，2010，30(2)：273—278,238.
[186] 朱晓红,陈寒松,张玉利.异质性资源、创业机会与创业绩效关系研究[J].管理学报,2014,11(9)：1358—1365.

后记

随着工业经济4.0时代的到来，战略性新兴产业已经成为驱动现代工业发展的核心引擎，而毋庸置疑的是，创新一定会成为战略性新兴产业发展的关键词。作为一名在高等院校从事企业理论学术研究和课堂教学的教师、作为一名持续承担政府相关部门委托规划项目的研究中心成员、作为一名长期保持与企业在管理咨询和员工培训方面交流的管理学爱好者、作为一名聚焦创新管理和产业集群领域刚毕业的博士研究生，笔者以"政产学研用"等创新主体"五位一体"为切入点，对战略性新兴产业创新发展的相关对策进行理论推演和实证分析。

在"政产学研用"协同创新体系中，"政"维度是战略性新兴产业的宏观调控力，"产"维度是战略性新兴产业的微观运作力，"学"维度是战略性新兴产业的环境催化力，"研"维度是战略性新兴产业的内部推动力，"用"维度是战略性新兴产业的外部拉动力。在该情境之下，笔者选择湖南省战略性新兴产业作为样本，对战略性新兴产业创新链的运作、评价和绩效提升途径进行探讨，以期在理论上为战略性新兴产业创新思路的研究提供前瞻性的思路和观点，在实践上为湖南省战略性新兴产业创新政策的制定提供可操作性的模式和方法。

本书的完成首先要感谢作者在浙江工商大学工商管理学院博士学习阶段的导师胡祖光教授，导师的精心栽培是学生能够取得微末成就的营养土壤，同时还要感谢浙江工商大学工商管理学院各位老师的悉心教导。其次要感谢作者华中科技大学管理学院硕士学习阶段的导师聂鸣教授，导师的指引是学生跨专业后获取管理学知识的灯塔。

还要感谢作者现在工作单位湖南工学院的张平书记、刘俊学校长、曹执令校长、刘文华处长、杨国辉处长、杨凤鸣院长、陈国生博士，领导的关心和帮助是我顺利完成工作岗位职责和博士学业任务的基本保证。

同时还要感谢多年以来将各类规划项目和横向课题委托给我完成的政府部门领导，特别是衡阳市发改委的李旭主任、邹顺初总经济师、罗玉君主任、文群丰科长、高廉明科长、杨寒秋科长、冯栋科长、蒋华平科长，衡阳市能源局龙朝华局长、李倩科长，耒阳经济开发区管委会谷文仕主任、谷仍贤主任，衡阳市社科联王柏新主席、邹燕矫主席，衡阳市民政局李一帆局长等领导。

同时，对长期保持合作企业高管的信任一并表示感谢，特别要鸣谢湖南创大玉兔化工有限公司总工程师张春华博士、湖南角山米业有限责任公司总经理任贤龙在百忙之中对本书的热情推荐。

本书的成果是作者近年来学术研究、企业实践的一个阶段性小结，同时也是作者今后科研工作新的起点。

康健于湖南工学院

2015 年 10 月